Mise en page : Le vent se lève...

Achevé d'imprimer sur les presses de la Nouvelle Imprimerie Laballery
58500 Clamecy
N° d'éditeur : 6525 – N° fab. : 6750 – N° d'imprimeur : 603370
Dépôt légal : septembre 2016
Imprimé en France

Table des matières

Avertissement 7

Introduction
Pour en finir avec le mal-logement.................................. 9

1. Accueillir les personnes sans domicile
Les Boutiques Solidarité : un tremplin pour repartir 13

2. Faciliter l'accès à l'habitat des personnes en grande précarité
Trouver sa place.. 19

3. Résorber les bidonvilles
Entre indifférence et répression, des solutions durables 24

4. Loger des jeunes en rupture
« Une case à moi ».. 29

5. Se loger avant de se soigner
Un chez-soi d'abord... 34

6. Proposer un logement pérenne à des personnes isolées
Vivre chez soi et vivre ensemble.................................. 39

7. Produire des logements très sociaux
Le devoir de loger.. 44

8. Améliorer l'habitat des compagnons
Les communautés Emmaüs, lieux d'accueil, de travail et de solidarité.. 49

9. Mettre en œuvre le droit au logement opposable
Assigner à l'État une obligation de résultat 55

10. Redonner une voix aux exclus du logement
« Je n'en reviens pas d'avoir parlé comme ça » 61

11. Prévenir les expulsions
« On ne peut pas se défendre tout seul » 67

12. Se réapproprier les quartiers populaires
Être logé ne suffit pas 73

13. Lutter contre l'habitat indigne et la précarité énergétique
Traiter le bâti pour le bien-être des occupants 78

14. Restaurer avec leurs habitants les copropriétés dégradées
Redynamiser et accompagner 84

15. Réhabiliter soi-même son logement
Apprendre à (se) reconstruire 89

16. Choisir son logement social
Rendre le demandeur actif 94

17. Encadrer les loyers à titre préventif
Parce que le marché du logement
ne se régule pas de lui-même 100

18. Dissocier le foncier et le bâti
Éviter la spéculation foncière 105

19. Encourager l'habitat participatif
Des coopératives solidaires 111

20. Définir une politique locale du logement et de l'habitat
« On n'habite pas un droit, mais un logement » 117

Conclusion
Des initiatives citoyennes pour peser sur les politiques publiques 123

Pour aller plus loin 129

Connaître la Fondation et soutenir ses actions 131

Avertissement

Les prénoms et les noms des personnes accompagnées et logées ont été modifiés.

Sauf mention contraire, les chiffres donnés sont issus du 21e rapport *L'État du mal-logement en France* publié en 2016 par la Fondation Abbé Pierre.

Introduction

Pour en finir avec le mal-logement

Le premier rapport de la Fondation Abbé Pierre sur l'état du mal-logement en France a été présenté il y a plus de vingt ans. Depuis, année après année, la Fondation a pu constater un élargissement, une diversification et un ancrage des situations de mal-logement, alors que certains analystes ont longtemps pensé qu'il concernait essentiellement un noyau dur de personnes en situation de grande exclusion. Les différents rapports annuels montrent que la situation est plus complexe : le mal-logement touche des populations de plus en plus « ordinaires » (y compris par exemple des personnes qui ont un emploi) que la précarisation rend vulnérables dans un contexte de manque de logements, notamment dans les grandes agglomérations, et de hausse des coûts qui lui sont liés (loyers, charges, prix à la vente). Cet élargissement des victimes de la crise du logement constitue l'une des caractéristiques majeures de ces deux dernières décennies et contribue, par un effet domino, à éloigner encore davantage les personnes en situation de grande exclusion d'une solution digne de logement.

En 2016, le mal-logement touche d'abord les populations les plus modestes, les 3,8 millions de personnes mal logées, privées de domicile personnel ou vivant dans des conditions très difficiles. Au-delà, 12 millions de personnes sont fragilisées par la crise du logement, à un titre ou à un autre, de manière moins frontale que les mal-logés, mais avec de réelles répercussions sur la vie de famille, l'emploi, la santé, l'environnement quotidien, le confort ou les fins de mois difficiles. Et encore, cela ne désigne qu'une partie des inégalités dans le domaine du logement, tant celles-ci affectent d'autres dimensions essentielles, comme le droit de choisir son lieu de vie et la proximité avec son lieu de travail ou, plus généralement, les destins résidentiels de chacun comme la capacité de se constituer ou non un patrimoine.

Vingt ans après, rien n'a donc été fait ? Si, mille fois si... Des personnes sans domicile trouvent réconfort et aides dans des accueils de jour, certaines ont pu quitter la rue pour un habitat durable en pension de famille, des ménages menacés d'expulsion ou exploités par des marchands de sommeil ont pu faire valoir leurs droits, la construction de logements très sociaux se poursuit et se réinvente avec une attention accrue afin de faire baisser la facture d'énergie pour leurs habitants, des personnes sont sorties de bidonvilles, des logements totalement indignes dans lesquels vivaient des populations très marginalisées ont été rénovés, des habitants se mobilisent pour faire valoir leurs droits et offrir une autre image de leur quartier populaire... En France, en Europe, des responsables politiques, des militants associatifs, des citoyens mobilisent opportunités foncières, bonnes volontés et financements croisés pour imaginer, avec les personnes concernées, des réponses adaptées.

Ce livre met en valeur des actions et des acteurs qui apportent des solutions concrètes et reproductibles. Il croise ces initiatives avec les enjeux politiques, économiques et sociaux, avec les défis qu'il faut relever. Il montre dans quelle mesure « prévenir plutôt que guérir » les situations de mal-logement est profitable à tous, aux mal-logés en tout premier lieu mais aussi à la société dans son ensemble. Il montre que sortir du mal-logement est non seulement indispensable mais aussi possible !

Il ne s'agit pas ici de céder à l'angélisme. Il n'y a pas de solutions miracles ou de réponses toutes faites. Les résistances sont énormes, les écueils nombreux et le rapport de force déséquilibré aux dépens des mal-logés. Il y a encore besoin d'innover, d'expérimenter de nouvelles réponses et de s'adapter aux évolutions rapides de notre société. Mais en cette période de crispations sociales, de tentation de repli, voire de sinistrose, ne cédons pas aux discours défaitistes, opposons à une mosaïque de problèmes une mosaïque de solutions. Déterminons ensemble les conditions du développement des ces initiatives et de leur généralisation en complémentarité avec l'intervention indispensable de la puissance publique. Les années 1990, dans le sillage de la loi élaborée par Louis Besson pour le logement des personnes défavorisées, ont su contribuer à la mise en œuvre de nouvelles réponses adaptées aux besoins des mal-logés qui ont permis (et permettent encore) d'éviter davantage de dégâts sociaux. Elles ont fait émerger et structuré un mouvement associatif de lutte contre le mal-logement en articulation avec la puissance publique et ont contribué à faire évoluer les protections dans le domaine du logement. Pourquoi une telle dynamique ne pourrait-elle pas être à nouveau relancée aujourd'hui ?

La crise du logement a des incidences graves pour celles et ceux qui en subissent les conséquences, nous le savons. Le moment est donc venu de tous nous mobiliser, mal-logés, citoyens, professionnels du logement, élus, pour faire valoir ce droit fondamental et la dignité de chacun. Commençons par nous saisir de ce qui marche et faisons preuve de courage politique pour gagner ensemble au plus vite ce combat que l'abbé Pierre a mené sans relâche et que nous avons la responsabilité de prolonger collectivement.

Raymond Étienne,
président de la Fondation Abbé Pierre,
et Christophe Robert, délégué général

1. Accueillir les personnes sans domicile

Les Boutiques Solidarité : un tremplin pour repartir

« Il faut qu'il existe des initiatives privées, insolentes, qui dénoncent l'urgence pour que l'opinion puisse s'y intéresser et faire pression [...]. Il faut être disponible, entendre les appels, saisir les circonstances. Ce qui gouverne tout, c'est l'espoir », écrit l'abbé Pierre dans la préface au livre anniversaire des Boutiques Solidarité, *De l'autre côté de la rue* (Flammarion, 2001).

Au début des années 1990, la Fondation Abbé Pierre décide de soutenir la création puis le développement des Boutiques Solidarité. L'idée naît d'un double constat : la multiplication des situations de grande exclusion et l'absence de lieux proposant en journée un accueil chaleureux pour les personnes vivant à la rue. Ces accueils de jour permettent aux personnes très fragilisées de souffler puis, progressivement, de retrouver la confiance et les perspectives qu'elles ont perdues. Ils s'engagent à assurer à toute personne en difficulté, aussi longtemps que celle-ci en manifeste le besoin et le souhait, un accueil inconditionnel, une écoute et une orientation vers les réponses nécessaires. « C'est un lieu de parole, une adresse, une maison, celle peut-être que l'on n'a pas eue, un tremplin pour repartir avec de meilleures chances [...]. En créant les Boutiques Solidarité, nous avons eu les audaces que n'avaient pas les hommes politiques », poursuit l'abbé Pierre.

Des maisons dans la rue

Parmi les 24 000 personnes accueillies chaque année dans les Boutiques Solidarité, selon les enquêtes menées par la Fondation, 80 % sont des hommes isolés, ayant ou non un logement ou une solution de dépannage, « qui ont pour seule compagne "fidèle et sûre" la solitude de jour comme de nuit. Cette solitude relationnelle, familiale, affective, sexuelle, constate-t-on à la Maison de la solidarité de Gennevilliers, pèse lourd quand il faut se lever pour chercher un travail, des aides matérielles, faire des démarches, quand il faut affronter la galère quotidienne, le regard des autres, son propre regard, lucide, sur sa déchéance, ou l'avenir bouché. Ici, beaucoup de monde passe : on entre, on s'assoit ou on dort, on lit, on sirote un café, on s'interpelle, on se dit bonjour... Il y a de la vie et chacun se sent en sécurité. C'est déjà un espace qui permet à la solitude de respirer ». D'autres initiatives citoyennes prises dans la même période ont permis l'existence aujourd'hui de quelque 800 lieux d'accueil de jour, dont un tiers environ disposent de personnel salarié. Le réseau animé par la Fondation Abbé Pierre comprend quant à lui une trentaine de Boutiques Solidarité adhérant à une charte commune, réparties sur l'ensemble du territoire et gérées en direct ou par des associations. Pour mieux traduire leurs visées, certaines de ces associations donnent à leur Boutique un « prénom » plus évocateur : La Maison dans la rue, L'Éclaircie, Le Point refuge, Point d'eau, La Halte, Déclic, etc.

Les besoins sont immenses. Le rapport annuel 2016 sur l'état du mal-logement en France estime à près de 900 000 le nombre de personnes privées de logement personnel. Parmi elles, 141 500 personnes sans domicile sont hébergées par des associations, vivent en squat ou à la rue, 85 000 vivent en habitation de fortune (construction provisoire ou mobilhome) et 25 000 ont pour résidence principale une chambre d'hôtel. Les autres sont hébergées chez des tiers. En tendance, les chiffres sont encore plus alarmants : entre 2001 et 2012, le nombre de personnes sans domicile a augmenté d'environ 50 %. Et encore s'agit-il d'un décompte *a minima*, basé sur les personnes rencontrées dans les services d'hébergement ou de restauration pour les sans-domicile, qui ne prend donc pas en considération celles qui y ont peu recours, par exemple les habitants de bidonvilles ou de squats. Cette aggravation du nombre de personnes sans domicile est confirmée par l'engorgement grandissant du secteur de l'hébergement, pourtant lui-même en croissance continue. Selon l'enquête périodique menée par la Fédération nationale des associations d'accueil et de réinsertion sociale (Fnars), en janvier 2016, près de la moitié des personnes qui font appel au 115 (numéro d'urgence dédié aux sans-abri) pour demander un hébergement n'en obtiennent pas. Quant aux demandes de prestations (distribution alimentaire, douches, soins, duvets, etc.), elles ont augmenté de 32 % en un an, traduisant une fragilisation sanitaire et sociale. L'enquête flash réalisée au sein du réseau des Boutiques Solidarité précise que 50 % des personnes sans abri ayant dormi à la rue n'appellent plus le 115.

Proposer un lieu d'ancrage

Les Boutiques Solidarité ont imaginé des formes d'intervention et d'accompagnement adaptées aux attentes des personnes accueillies. Elles leur proposent des services (petit déjeuner, douche, laverie, bagagerie, etc.), une domiciliation permettant l'accès aux droits, des soins, des ateliers de pratiques sportives ou artistiques qui les invitent à se mettre en mouvement, à renouer des relations et à développer leur estime de soi. Elles sont également actives dans l'exploration de solutions de logement et d'habitat. En effet, si les Boutiques remplissent leur rôle d'accueil des plus déshérités, elles ne parviennent pas toujours à sortir les personnes sans abri de l'urgence et de l'invisibilité.

À Reims, la boutique Accueil solidaire et social Ozanam, qui reçoit de plus en plus de « passagers », dont la moitié sont des migrants, a renforcé ces dernières années ses actions collectives de remobilisation des personnes. L'hygiène et la santé sont favorisées au travers de séances de prévention, de dépistage, d'information effectuées par des partenaires. La pratique du sport (football, remise en forme, activités nautiques et de pleine nature, etc.) influe sur la santé des personnes accueillies et développe leur assurance. L'atelier d'éducation canine dispense des conseils sur le dressage et les soins. Le jardin sauvage offre un lieu de détente avec animaux à une quinzaine de kilomètres, dans un village calme... La Boutique met également en place une action hors les murs, pour des personnes vivant à la rue, en squat, caravane ou voiture, et un accompagnement spécifique destiné aux personnes qui sont en difficulté avec les services sociaux, ou en incapacité d'y être accueillies au vu de leur situation administrative : « Lorsque la personne se sent "obligée" d'entreprendre des démarches, sa première envie est de fuir. Par conséquent nous abordons les personnes "à tâtons" sans les brusquer et en respectant le rythme de chacune », dit l'équipe. La Boutique Solidarité de Reims propose une prise en charge aux déboutés du droit d'asile et aux sans-papiers, en les reconnaissant comme des citoyens. Au-delà des démarches juridiques et administratives, en matière de santé, d'emploi ou de justice, l'accent est mis sur l'accès au logement et à l'hébergement et sur la lutte contre l'habitat indigne. L'objectif est d'accompagner les plus exclus vers le logement par le levier de l'accès aux droits.

Un réseau pour observer, agir et interpeller

La Boutique Solidarité Emmaüs de Beauvais accueille elle aussi des personnes fragiles, en errance ou mal logées, ayant vécu de nombreuses ruptures et souffrant de problèmes de santé physique ou mentale. Elle offre des réponses aux besoins élémentaires, assure des maraudes pour aller vers les personnes très désocialisées, facilite l'ouverture des droits sociaux et l'accès aux soins, etc. Outre ces services « classiques », la Boutique de Beauvais développe des actions novatrices comme celles proposées en matière d'alimentation. Une grande cuisine permet le fonctionnement d'une « cantine solidaire » où, avec des denrées provenant de la banque alimentaire ou de grandes surfaces, un groupe de personnes accueillies prépare chaque jour le repas de midi, sous la responsabilité d'une des permanentes. La « bagagerie alimentaire » met à disposition des familles en errance ou à l'hôtel des réfrigérateurs et congélateurs : elles peuvent y conserver leurs aliments, préparer leur repas à la Boutique, le consommer sur place ou l'emporter. À Beauvais, l'innovation réside aussi dans la participation de « compagnons accueillants », des personnes accueillies qui « changent de place » pour tenir un rôle actif de « pair-aidant » au sein de la Boutique.

Ces pratiques nouvelles sont au cœur de la Semaine de la solidarité qui ouvre en octobre 2016 les accueils de jour aux citoyens désireux de mieux comprendre les processus qui génèrent l'exclusion, afin d'en réduire les effets et d'en combattre les causes. S'ils facilitent l'accès de personnes en grande difficulté à des services de première nécessité, les accueils de jour sont eux aussi fragiles. Les professionnels et bénévoles qui les animent, avec des moyens contraints et de maigres perspectives d'accès au logement ou à l'emploi, peinent à répondre à toutes les personnes sans domicile en recherche d'une maison, d'un refuge ou d'une halte, à défaut d'un toit. Certains riverains, voire certains élus locaux, s'opposent à leur présence, rappelant, par cette attitude de rejet, à quel point le simple accueil de personnes exclues en ville reste, vingt-cinq ans après l'initiative de l'abbé Pierre, un combat subversif.

2. Faciliter l'accès à l'habitat des personnes en grande précarité

Trouver sa place

« Nous avons les mêmes besoins, les mêmes désirs, les mêmes rêves que vous. Nous sommes exactement comme vous. Nous conservons des fragilités, bien sûr, mais nous avons survécu à la rue et c'est une force. Nous demandons que soient reconnus pour nous aussi le droit au logement et le droit au travail. » Daniel vit aujourd'hui dans un appartement, qu'il loue à un bailleur privé. Cependant, ils sont peu nombreux ceux qui, comme lui, parviennent à s'en sortir. Depuis plusieurs années, les acteurs travaillant sur la grande exclusion constatent que, faute de places, beaucoup de personnes sans abri ne parviennent pas à accéder à un logement, voire à un hébergement. Certaines d'entre elles refusent toute solution d'hébergement institutionnel compte tenu des conditions d'accueil parfois contraignantes, inadaptées à leur situation, comme, par exemple, la présence d'un chien ou l'obligation d'abstinence. D'autres en sont exclues à cause de leurs problèmes sociaux et de santé : addictions, présence irrégulière sur le territoire, violence, troubles psychiatriques, etc.

La conférence de consensus européenne sur le sans-abrisme, organisée à Bruxelles en 2010, a retenu les approches « dirigées vers le logement » comme étant les plus efficaces au plan social et économique. En clair, il s'agit de privilégier l'accès direct au logement ordinaire pour les personnes sans domicile, plutôt que de leur faire subir un parcours obligé dans plusieurs structures et dispositifs d'aide et d'hébergement. Dans cet esprit, des expérimentations sont développées depuis plusieurs années par des associations auprès de publics sans domicile fixe en situation de grande précarité. En recherchant des solutions pragmatiques, voire atypiques, ces expérimentations permettent une évolution positive de la situation des personnes accompagnées : certaines ont à nouveau des envies ou des projets, d'autres accèdent à un logement, d'autres encore reprennent une démarche de soin ou recouvrent leurs droits sociaux et des ressources, pour mieux se lancer à la recherche d'un toit. Les évaluations et valorisations de ces expérimentations restent cependant à ce jour limitées en termes d'habitat durable.

Les invisibles du périph'

À Paris, l'association Les Enfants du Canal a constitué une équipe d'intervenants sociaux pour effectuer des maraudes auprès des personnes qui vivent dans des lieux inaccessibles et dissimulés, comme « les invisibles du périph' », réfugiés sous les voies du boulevard de ceinture parisien. Ces personnes ont à un moment souhaité disparaître, fuir le monde, pour de multiples raisons, une absence de papiers d'identité, un refus d'aller en centre d'hébergement, un harcèlement subi dans la rue, etc. Elles vivent une lente agonie sociale et psychologique, qui peut conduire jusqu'à la mort, par suicide, maladie ou lassitude. Certaines trouvent par des réseaux de solidarité parallèle la force de tenir dans cette situation. Peu d'équipes d'intervention sociale se rendent sur ces sites difficiles d'accès, voire considérés comme dangereux pour les personnels. Il leur faut bien connaître ce public, savoir gérer des relations souvent tendues, et agir en lien avec les partenaires : accueils de jour, services de psychiatrie, etc. Une partie de l'intervention s'effectue de nuit, en adéquation avec le mode de vie des personnes. Dans un premier temps, Les Enfants du Canal établissent une cartographie de leurs lieux de vie et de leurs parcours quotidiens, afin de mieux comprendre les freins qui pourraient les empêcher de « sortir de la rue ». Cette connaissance du nombre de personnes installées et de leurs problèmes s'effectue en même temps qu'un travail monographique et qu'un reportage photographique, destinés à sensibiliser les financeurs potentiels de l'action. Dans un second temps, l'association met en place une intervention adaptée, pour évaluer la situation de la personne, reconstruire un lien et l'accompagner vers une solution décidée par elle : un accès aux droits, des soins, un projet d'habitat ajusté. Au-delà des réponses apportées aux « invisibles », l'association veut aussi dénoncer leurs conditions de vie extrêmes.

Alternative, de Rennes à Lyon

À Rennes, en 2011, un squat où vivent 200 personnes est évacué. Pour proposer une solution d'habitat digne à celles qui ne peuvent accéder directement à un hébergement propice à leur insertion, associations, État, métropole et communes créent un dispositif partenarial, nommé Coorus (Coordination de l'urgence sociale) : 17 logements communaux sont mis à disposition, pouvant accueillir 95 personnes. L'association La Sauvegarde 35 gère le dispositif par le biais de deux intervenantes, une travailleuse sociale et une médiatrice logement. Concrètement, Coorus permet aux personnes à la rue d'être hébergées dans un des appartements communaux, et non dans un foyer ou un hôtel. Même s'il reste temporaire, cet hébergement stable rend possible l'accompagnement, qui porte sur les conditions d'habitat, le respect du voisinage, l'intégration dans le quartier, l'accès aux droits et aux soins, la scolarisation des enfants, en vue de l'accès à un logement autonome. Coorus constitue une réponse à la saturation des dispositifs d'urgence et au développement des squats, ainsi qu'à la volonté de réduire les nuitées hôtelières dans le département.

Dans la métropole lyonnaise, face à la crise du logement, le secteur de l'hébergement s'est fortement développé sans toutefois couvrir tous les besoins. Des personnes aux problèmes et aux profils très différents se côtoient dans les structures d'hébergement, les capacités d'accueil sont insuffisantes. Les approches trop standardisées reposent sur des structures à forte capacité d'accueil, les réponses sont coûteuses, mises en place sans anticipation et proposent une prise en charge qui n'est pas ajustée aux besoins. Les personnes les plus exclues s'adaptent difficilement aux cadres souvent rigides imposés par ces structures. En réaction, l'association Le Mas a ouvert en 2013 et 2014 deux « maisons d'hébergement d'urgence » sur les principes suivants : utilisation de ressources foncières sous-exploitées, maîtrise des coûts de fonctionnement, protection des personnes et valorisation de leurs capacités, échange et partenariat sur le territoire d'implantation avec les associations et services publics.

Les maisons ont le statut de centres d'hébergement d'urgence agréés par l'État pour accueillir des personnes isolées et des familles. Elles ont été ouvertes grâce à la mise à disposition par des propriétaires privés de biens vacants temporairement, en attente d'une vente, d'une réhabilitation ou d'une réaffectation. Le coût de la location de ces biens est faible et la durée de la mise à disposition est d'au minimum trois ans. Ces maisons ont une surface habitable comprise entre 300 et 400 m^2 et des espaces extérieurs. Chaque ménage dispose d'un espace privatif, une chambre, organisé autour d'espaces partagés, cuisine, salle à manger, salle de bains, toilettes, buanderie. Les locaux sont mis aux normes de sécurité, meublés par achat ou récupération, et équipés en électroménager et petits matériels (lingerie, vaisselle, nettoyage, etc.)

pour assurer une entrée immédiate et un usage simple. Ils sont situés en centre-ville, à proximité immédiate des équipements publics et des commerces, et desservis par les réseaux de transport, ce qui facilite les échanges avec l'environnement.

Accueillant chacune vingt-quatre personnes, adultes et enfants, soit huit à dix ménages, les maisons sont conçues comme des lieux à taille humaine où règnent l'entraide et l'autonomie. Les ménages confrontés à la précarité peuvent y résider durablement, quelle que soit leur situation administrative, en l'attente d'une meilleure solution (en 2014, neuf ménages sur dix-huit ont quitté les maisons pour un hébergement plus adapté ou un logement). La proximité génère des solidarités entre des publics divers et permet de construire une communauté de vécus au sein de laquelle chacun a la possibilité d'assurer une tâche (petits travaux, décoration, cuisine, garde d'enfant, dépannage, jeux, soutien, etc.). Les conditions de vie respectent la liberté de circulation et l'accès sans contraintes horaires aux espaces communs. Les règles collectives sont peu contraignantes et les prestations personnalisées. L'association fournit les denrées alimentaires nécessaires à la préparation des repas, assurée par les résidents, tout comme l'entretien de la maison. Des comités de résidents se réunissent chaque mois pour échanger sur la vie dans la maison et en réguler ensemble le fonctionnement. Sur chaque site, une « maîtresse de maison » et un travailleur social accompagnent les ménages de façon modulée en fonction des difficultés sociales à résoudre, mettent en lien les résidents avec les services et les associations locales et favorisent l'implication des personnes dans la vie de la maison, où chacun trouve sa place.

Logement temporaire et hébergement d'insertion ne remplacent pas un logement de droit commun, qui demeure l'objectif prioritaire, mais proposent des solutions alternatives à l'hôtel à des publics exclus, en respectant leurs choix et en allégeant les conditions d'accès.

3. Résorber les bidonvilles

Entre indifférence et répression, des solutions durables

Été 2012, Saint-Étienne ; plusieurs bidonvilles sont évacués et détruits. En urgence, l'association Citoyens solidaires 42, proche du mouvement Emmaüs, prend en charge dix familles originaires de Roumanie avec de nombreux enfants, soit soixante-quatre personnes dans le plus grand dénuement auxquelles aucune solution de logement n'a été proposée. Des tentes sont installées sur un terrain délaissé appartenant à la communauté d'agglomération, puis l'association réussit, avec son accord tacite, à créer un village de transition « en dur ». Chaque famille y dispose d'un mobilhome, confortable et aménagé, et s'engage à respecter une charte d'occupation et des règles de vie. Un module sanitaire complète le « village », géré collectivement avec l'appui des Citoyens solidaires et d'un encadrant social.

Stabiliser les familles et bâtir un projet

Cette première phase permet une stabilisation de ces familles, tenues jusque-là éloignées de toute possibilité d'intégration, que ce soit en Roumanie ou en France, où elles ont fait l'objet de nombreuses discriminations. L'association procède à un diagnostic portant sur leur niveau de formation, leur expérience professionnelle et leurs souhaits, puis établit un projet d'insertion dans le but de sortir les dix familles de ce terrain encombré de gravats et de leur permettre d'accéder au logement. Plusieurs leviers sont activés : alphabétisation, cours de français, suivi familial et sanitaire, formation, pour les adultes ; scolarisation obligatoire, accès aux loisirs et à la culture, pour les plus jeunes. Il apparaît fondamental de rechercher avec les adultes une activité économique susceptible de créer des emplois et de leur procurer ainsi des ressources. Après quelques travaux de rafraîchissement et de sécurisation, l'association investit un local mis à disposition temporairement par l'établissement public d'aménagement de Saint-Étienne. Ce local, où sont aménagés des ateliers de transformation de mobilier et de textile à partir d'objets de récupération, un café social, une bibliothèque et un espace d'exposition et de création, est décrit par ses promoteurs comme un « lieu emblématique de rencontre des cultures et de partage. Dans une démarche de participation citoyenne, nous cherchons à stimuler des contributions concrètes d'aide aux plus démunis, d'échanges de savoir-faire, d'innovation et d'expérimentations alternatives. Nous espérons ainsi contribuer au changement du regard porté sur les personnes issues de bidonvilles. » Le lieu, nommé La Bohème, réunit donc des espaces publics et des espaces de travail (ateliers, boutique), où des anciens habitants du bidonville bénéficient de six postes en contrat d'insertion sur des activités variées (tri, valorisation, vente, animation culturelle), d'un encadrement par des professionnels (créatrice de mode, designer, etc.), et de formations à la couture et au détournement d'objets. Les six familles concernées par ces contrats ont accédé à un logement privé et sont accompagnées dans leur vie courante par une assistante sociale du conseil départemental. Leur fort désir d'avoir enfin un appartement pour la première fois de leur vie les a motivées. En termes d'image sociale et de place dans la société, elles vivent une avancée considérable.

Cachez ce bidonville…

Ces vingt-cinq dernières années, les bidonvilles regroupent des populations aux trajectoires de vie très différentes : travailleurs saisonniers du sud de la France, personnes sans domicile fixe du bois de Vincennes, habitants de la « jungle » de Calais, cabaniers de l'Hérault, migrants d'Europe orientale, Roumains, Bulgares, populations dites « Roms », etc. Ce sont bien ces dernières qui concentrent pourtant l'attention politique et médiatique.

Au mot imagé de « bidonville » s'est substitué dans la terminologie officielle celui de « campement illicite », marquant l'illégalité de l'occupation, et par conséquent la culpabilité des personnes, ainsi que le supposé caractère nomade de ses habitants. La Fondation Abbé Pierre maintient que les occupants des bidonvilles sont avant tout victimes d'un habitat indigne et précaire. La circulaire du 26 août 2012, relative à l'anticipation et à l'accompagnement des opérations d'évacuation des campements illicites, et contemporaine des évacuations à Saint-Étienne, s'est traduite par une volonté, avec une application inégale sur les territoires, de renforcer les partenariats entre les services de l'État et les acteurs locaux, et de mettre en place un accompagnement personnalisé sur la base de diagnostics sociaux couvrant l'ensemble des problèmes, qu'ils touchent la situation administrative des personnes, la santé, le logement, l'emploi ou la scolarisation.

Dans son évaluation de l'application de cette circulaire, en mai 2013, le Défenseur des droits constate que la politique d'expulsion et d'évacuation systématique conduite depuis 2010 n'a pas eu d'effet sur le nombre de personnes vivant en bidonville, créant seulement un déplacement perpétuel des personnes ayant pour conséquence la rupture de tout suivi social organisé. En avril 2016, le dernier recensement de la Délégation interministérielle à l'hébergement et à l'accès au logement (Dihal) fait état sur tout le territoire de

569 sites, accueillant quelque 17 500 personnes. Pourtant, selon une étude de la Ligue des droits de l'homme et du European Roma Rights Centre, plus de 14 000 personnes ont été expulsées ou évacuées de 150 lieux de vie en 2014, et 21 000 personnes de 180 sites en 2013... Le collectif Romeurope estime que le coût des évacuations et des expulsions pour la seule année 2014, et cela au détriment de réels projets d'accompagnement, se situe entre 30 et 40 millions d'euros, avec un coût moyen de 300 000 euros par bidonville si l'on compte le diagnostic social, les multiples réunions, la mobilisation des policiers et gendarmes, la location de bulldozers pour la destruction des baraquements, les nuitées d'hébergement, etc. Le Défenseur des droits ajoute que les populations visées par des procédures d'expulsion et des évacuations sont rarement accompagnées vers des solutions pérennes dans le respect des droits à la santé ou à l'éducation, contrairement aux directives énoncées, et relève même plusieurs cas de refus de scolarisation opposés à des enfants, ainsi que des refus d'hébergement d'urgence.

Une mission nationale d'appui à la résorption des bidonvilles de trois ans (2014-2017) a été confiée à la société d'économie mixte Adoma, qui intervient en tant qu'opérateur de logement très social. Pour cet organisme, créé en 1956 par les pouvoirs publics sous le nom de Société nationale de construction pour les travailleurs algériens afin de résorber les bidonvilles et d'en accueillir les habitants dans un contexte de grave pénurie de logements sociaux, c'est un retour aux sources. Mais, à fin 2015, note le collectif Romeurope, seuls 104 ménages, soit 430 personnes, ont été hébergés et accompagnés.

Des projets alternatifs vers le logement pérenne

À Ivry-sur-Seine, un projet atypique de sortie de l'ancien bidonville « Truillot », le plus important du Val-de-Marne, a mobilisé, à la demande de l'État, plusieurs partenaires pour reloger une partie des familles, dans le cadre prévu par la circulaire d'août 2012. La société HLM Emmaüs Habitat réalise la maîtrise d'ouvrage et le portage immobilier d'une résidence sociale, construite avec des financements de type logement très social sur un terrain appartenant à l'Assistance publique des Hôpitaux de Paris, et bénéficiant d'une autorisation d'occupation temporaire des lieux pendant quinze ans. La gestion du site ainsi que l'accompagnement social des familles sont assurés par l'Association Logement Jeunes 93, qui a déjà effectué le diagnostic et identifié les besoins en relogement. Le terrain est réaménagé afin d'y installer cinq maisons jumelées préfabriquées en ossature bois, regroupant dix logements de trois ou quatre pièces. Ces logements sont ajustés à la taille des familles, selon leur composition, et accueillent cinquante-cinq personnes en tout. Les familles s'acquittent d'une redevance calculée à hauteur de 10 % de leurs ressources avec un minimum de 50 euros par mois. Le projet est revenu à environ 150 000 euros par logement construit ; il a été financé pour l'investissement à hauteur de 50 % par l'État, 16 % par le conseil régional d'Île-de-France, 10 % par la Fondation Abbé Pierre et 24 % par Emmaüs Habitat.

La durée maximum de séjour prévue est de deux ans ; une prolongation pourra être envisagée pour atteindre les objectifs de sortie « vers le haut » : accès à un logement et réalisation du projet de vie des personnes, inscrites dans une démarche d'insertion (scolarisation, formation, emploi, etc.). Au-delà de l'objectif premier qui consiste à mettre à l'abri ces familles et à leur offrir un chez-soi, l'autre objectif est à la fois de favoriser la participation des habitants à leur nouveau logement temporaire et de leur permettre d'accéder aux mesures de droit commun.

4. Loger des jeunes en rupture

« Une case à moi »

« J'ai des larmes à la place du cœur. L'air devient difficile à respirer quand je parle de ma vie. Dois-je me sentir coupable ? [...] Je m'appelle Vanessa, j'ai 20 ans. Paraît que tout va bien dans ma vie. En vrai, je fais semblant, je m'accroche et je respire [...]. Je veux juste devenir quelqu'un, quelqu'un de bien car je reviens de loin. Alors, un message au nom des jeunes incompris qui luttent contre eux-mêmes, au nom de ceux qui savent combien nos vies sont malsaines... » Ce message poétique, lu lors d'une journée de prévention du suicide, raconte en vidéo « Trois jeunes, trois histoires ». Il a été écrit dans le cadre d'ateliers photographiques par de jeunes Réunionnais âgés de 18 à 25 ans. Des jeunes en situation difficile, comme on dit pudiquement...

Ti Kaz a Nou

« Les jeunes de Ti Kaz a Nou, explique le bilan de l'action, parlent de maltraitance, de précarité, de problèmes liés à l'alcoolisme et à la violence au sein même de la famille, de problèmes de santé et de chômage. La majorité d'entre eux ont connu des placements en foyer ou en famille d'accueil avant leur majorité. Ils ne sont pas tous en rupture complète avec leur famille, certains ont des contacts épisodiques, mais qui restent conflictuels ou douloureux. [...] Pour le futur, en revanche, ils ont une vision de l'avenir très normée : "Je veux avoir un travail, une case à moi et fonder une famille." Ils aspirent à sortir de cette passe et devenir “comme tout le monde”. »

Une étude réalisée par les missions locales de La Réunion auprès des jeunes de 21 à 25 ans qu'elles suivent estime à plus de 2 500 le nombre de ceux qui vivent en logement précaire. La difficulté, pour cette tranche d'âge, est que les jeunes se trouvent à une période de la vie qui n'ouvre plus droit à l'aide sociale à l'enfance et pas encore au revenu de solidarité active. En outre, l'offre locale d'hébergement et de logement temporaire, d'environ 800 places selon la direction régionale de la Cohésion sociale, est sous-dimensionnée pour les accueillir, en plus des personnes sans domicile fixe et des familles cherchant une solution. Sous-dimensionnée et mal adaptée. C'est pourquoi l'Association des jeunes majeurs en dynamique, créée en 1995, s'est spécialisée dans l'accueil des jeunes de 18 à 25 ans en errance. Elle en héberge une soixantaine chaque année. En 2013, elle a proposé d'expérimenter un nouveau dispositif d'accompagnement qui permette de lutter contre l'exclusion sociale des jeunes vivant dans des conditions de précarité extrême, sans solution de logement, sans ressources ni projet professionnel, souvent avec des conduites addictives et en rupture familiale. Un dispositif baptisé par les premiers jeunes accueillis au sein de la structure : Ti Kaz a Nou.

Une maison autogérée

L'originalité du projet Ti Kaz a Nou, « notre petite maison » en créole, réside dans la prise en compte de l'avancée, à son rythme, de chaque jeune dans son parcours d'autonomisation vers et dans le logement. Dans un premier temps, les jeunes cohabitent dans un lieu de vie de sept places implanté dans la commune de Saint-Joseph, au sud de l'île. Il comprend des chambres, des espaces récréatifs, une cuisine et une salle à manger ; les locaux, le jardin et le « ti coin zen », un kiosque en bois aménagé dans la verdure, sont entretenus et mis en valeur par les résidents. Ce lieu d'accueil offre, avant tout, un temps de pause et un cadre favorable à une vie plus stable.

Après y avoir séjourné quelque temps, les jeunes sont orientés vers un appartement individuel mis à leur disposition par l'association puis vers un appartement entièrement autonome loué par l'association à un bailleur social. Le dispositif ne conditionne donc pas l'accès au logement à l'insertion sociale et professionnelle ; à ce titre, il a été retenu comme projet innovant par la Délégation interministérielle à l'hébergement et à l'accès au logement (Dihal). Il est le seul projet issu des départements d'outre-mer sur les vingt sélectionnés au plan national. Les chambres de la Ti Kaz, comme les appartements, sont financées par l'allocation de logement temporaire, une aide publique pour l'accueil de personnes défavorisées, en attendant qu'elles accèdent à un logement ordinaire, versée pendant six mois et renouvelable.

Pendant le séjour à la Ti Kaz, l'équipe évalue l'appropriation de l'hébergement par le jeune et ses compétences, afin de les valoriser, et note pour chacun le fait positif le plus marquant : prise d'initiative pour des activités, solidarité avec les autres jeunes, investissement dans des actions associatives, etc. L'un des écueils courants dans l'accompagnement de jeunes très désocialisés réside dans leur « passivité » au sein du dispositif. À la Ti Kaz, ils participent effectivement à la conduite du projet et à la vie collective. Le fonctionnement est basé sur l'échange de services. La maison est autogérée avec des « référents » chargés de veiller au bon déroulement du quotidien. Les jeunes se positionnent chaque semaine sur un « arbre de références » dont les branches concernent aussi bien l'animation du lieu, la gestion du stock alimentaire, le tri des déchets, que l'accueil d'un nouveau résident ou l'entretien du jardin. L'équipe éducative est présente pour soutenir les jeunes dans leur rôle de référent, le but étant qu'ils parviennent à se positionner sur l'ensemble des branches de l'arbre et qu'ils aient pu, à la fin de leur séjour, manifester leurs compétences dans ces domaines et en avoir fait profiter les autres résidents. Cette démarche vise aussi à montrer aux jeunes accueillis que leur hébergement n'est pas totalement « gratuit » et que leur participation, non financière, vient en contrepartie. Pour l'équipe, ce mode d'accompagnement centré sur le développement du pouvoir d'agir des jeunes est une prise de risque ; il lui faut « oublier » les postures habituelles du travail social, où l'accompagnateur guide la personne accompagnée, et partir de ce que donnent les jeunes, de ce qu'ils sont.

L'association avait, au début de l'action, l'idée que les jeunes se succéderaient : une entrée, une sortie, etc. Or, l'expérience a montré que des allers et retours étaient possibles et même parfois nécessaires, que ce soit pour des jeunes partis volontairement ou renvoyés qui, quelques mois après, refont une demande, ou pour des jeunes incarcérés en cours d'accompagnement et qui reviennent après leur libération. Dans le projet initial, Ti Kaz a Nou était conçu comme un sas avant le logement autonome. Après trois ans de fonctionnement, peu de jeunes y accèdent directement. L'évaluation nationale des projets innovants attribue la difficulté d'accès au logement des jeunes en errance à un manque de ressources (25 % d'entre eux vivent avec moins de 125 euros par mois, d'après l'évaluation de la Dihal). Les jeunes Réunionnais n'échappent pas à cette triste réalité. Si le séjour à la Ti Kaz leur a apporté une stabilité, une activité en service civique ou un emploi, la plupart des résidents passent ensuite par une nouvelle étape préalable au logement autonome : logement temporaire, sous-location, colocation ou intermédiation locative.

Case « prison »

La question de l'accès au logement des jeunes, et notamment des jeunes incarcérés, est une des thématiques les plus souvent évoquées dans les diagnostics territoriaux « à 360 degrés », mis en place dans le cadre du plan pluriannuel contre la pauvreté et pour l'inclusion sociale.

L'accès à l'information est malaisé en prison et la recherche d'un logement à la sortie est des plus difficiles. Dans une enquête menée au sein de la prison de Ploemeur, près de Lorient dans le Morbihan, 53 % des prisonniers déclarent qu'ils n'auront pas de logement à la sortie ; 8 % envisagent même de louer ou d'acheter une caravane. Presque la moitié des personnes interrogées pensent trouver un logement en s'appuyant sur le point information jeunesse implanté au sein du centre pénitentiaire, qui permet aux jeunes détenus de faire directement des recherches de logement durant leur incarcération. Des animations collectives sur les questions du logement leur sont aussi proposées. Les situations de logement au moment de l'incarcération sont également revues avec les jeunes, car des proches peuvent continuer à habiter le logement dont le bail n'est pas forcément résilié, contrairement à ce que pensent beaucoup de prisonniers.

À Lorient, le point information jeunesse a constitué un réseau de partenaires qui facilite les mises en relation entre les sortants de prison et l'offre des bailleurs sociaux, des centres d'hébergement, des foyers de jeunes travailleurs, des communautés Emmaüs, etc. Afin de renforcer l'accès aux droits liés à l'habitat des personnes qui en sont le plus éloignées, accompagner directement les publics sur place semble donc pertinent. Le fait de ne pas retourner à la rue permet de limiter fortement les récidives ; l'action a donc aussi un rôle préventif, et l'accès au logement représente un pari pour la réinsertion.

5. Se loger avant de se soigner

Un chez-soi d'abord

Le journal *Sud-Ouest* consacre en septembre 2012 un portrait à un « rescapé de l'ombre » : « Didier, 50 ans, sort à peine de terre. Il a vécu les deux dernières années au quatrième sous-sol d'un parking du centre-ville [...]. Et puis un jour, il s'est trouvé sur la liste des personnes précaires prêtes à participer au programme d'installation à la maison. À la clé, un logement pour lui tout seul, dans un quartier de la ville qui lui convient, avec un mobilier qu'il choisirait, des gens qui viendraient le voir, un frigo [...]. Cet été, il a accueilli ses enfants pour quinze jours [...]. Dans quelque temps, un travail, pourquoi pas ? Dans deux ans, le bail sera à son nom. »

Une maison et un bistrot pour se rétablir

Didier bénéficie à Bordeaux du dispositif Oïkeo (« maison », en grec). Cette déclinaison du programme gouvernemental « Un chez-soi d'abord » est pilotée depuis 2012 par l'association Ari-Asais avec un groupement d'acteurs : Samu social, équipe mobile de psychiatrie précarité, centre d'addictologie, centre communal d'action sociale, etc. Vingt-quatre personnes ont d'abord été adressées à Oïkeo par le service intégré d'accueil et d'orientation ; elles sont logées dans des appartements situés dans une résidence gérée par l'association ou en diffus, dans la ville. Depuis 2013, Oïkeo intervient aussi auprès de « grands précaires chronicisés » sortant de centres d'accueil d'urgence. Au total, une trentaine de personnes sont donc logées et suivies. Ce chiffre est significatif car le Samu social de Bordeaux estime entre 150 et 200 le nombre de personnes à la rue présentant des troubles psychiques avérés.

Dans le respect des principes du « rétablissement », Oïkeo ne pose pas de préalable ni d'exigence quant à la sobriété des personnes logées ou à leur consommation de substances. Ces personnes, qui ont été ou sont encore aux prises avec la maladie mentale et l'errance, choisissent de s'impliquer dans leur accompagnement. Le soutien n'est pas prescrit par les intervenants sanitaires et sociaux, l'objectif étant de laisser se développer la capacité à désirer et à entreprendre. En effet, pour la plupart, ces personnes ne consultent qu'en situation de crise et n'ont pas la « culture du soin » en santé mentale. Une fois l'apaisement ponctuel retrouvé, elles ne donnent pas suite à la démarche de soin. Les obliger à un suivi médical n'aurait aucune efficacité.

Le concept de rétablissement est né dans les années 1970 aux États-Unis d'une revendication de malades mentaux qui souhaitaient que l'équipe d'accompagnateurs s'adapte à leur rythme et à leurs décisions et les aide à développer leur pouvoir d'agir. Le rétablissement est un processus personnel et social, existentiel et citoyen. La participation des personnes concernées par ces programmes en est donc un élément constitutif depuis l'origine. Le Centre collaborateur de l'Organisation mondiale de la santé a récemment développé en Europe un programme « Médiateur de santé/pair » : des usagers ayant une expérience de vie avec la maladie mentale sont intégrés dans les équipes de soins psychiatriques, auxquelles ils apportent leur expertise.

Le dispositif Oïkeo s'appuie sur un bar associatif sans alcool, Le Bistrot, accessible à tous mais qui s'adresse en particulier aux personnes en situation d'isolement ou de souffrance psychique. Ce lieu d'accueil et de vie associative s'organise autour d'un groupe d'entraide mutuelle, Grain de café, formule prônée par la loi du 11 février 2005 pour l'égalité des droits et des chances, la participation et la citoyenneté des personnes handicapées. Le groupe propose des actions favorisant le partage, la convivialité, la prise de responsabilités à travers l'animation quotidienne du lieu (petit déjeuner, discussions, jeux de société, bibliothèque, etc.) et le développement de projets de création artistique et d'activités collectives (repas associatif, sorties à la plage, atelier bricolage, rencontres au théâtre Artisse, également géré par l'association, etc.). Les personnes logées par Oïkeo peuvent ainsi bénéficier d'une ouverture sur la culture et les loisirs et d'un soutien de leurs pairs.

Le *Housing first*

Une enquête coordonnée en 2010 par l'Institut national de la santé et de la recherche médicale (Inserm) a confirmé les observations sur la part croissante des sans-abri souffrant de problèmes psychiques : dans l'agglomération parisienne, près du tiers des personnes sans domicile personnel présentent des troubles psychiatriques sévères, et leur espérance de vie serait réduite d'une trentaine d'années à cause du manque de soins et de leurs conditions de vie. Certains y voient l'effet pervers d'une politique qui a conduit depuis une cinquantaine d'années à passer d'une prise en charge psychiatrique en asile ou en hôpital à une (ré)insertion des malades dans leur environnement, avec ou sans services ambulatoires de proximité. Mais, parmi ces personnes, certaines n'ont pas ou plus de domicile.

Pour améliorer le rétablissement des personnes sans domicile, Sam Tsemberis, psychologue américain, expérimente à partir de 1992 un nouveau modèle à New York : il propose un suivi intensif dans un logement individuel, sans condition de prise médicamenteuse ni d'arrêt de consommation de psychotropes ou d'alcool. L'accession à ce logement est considérée comme un levier thérapeutique : la personne passe directement de la rue au logement et s'approprie cet habitat nouveau. Avoir un chez-soi d'abord (*Housing first*), se soigner – et se réinsérer – ensuite.

Les résultats obtenus aux États-Unis par les programmes *Housing first* mis en œuvre entre 2005 et 2007 sont parlants : 30 % des personnes sans abri ont été relogées ; parmi elles, près de 80 % étaient toujours dans leur logement quatre ans après, rappelle l'Observatoire européen sur le sans-abrisme. Cela a permis de réduire les durées d'autres formes de « séjours » (hospitalisation, incarcération) et donc leur coût. Au Canada, la Commission de santé mentale s'est inspirée du modèle de Tsemberis pour expérimenter le programme « *At home*/Chez soi » auprès de plus de 2 000 personnes sans abri atteintes de maladie mentale, dont la moitié sont logées et accompagnées de façon spécifique. Le rapport final, publié en 2014, « démontre que ce modèle met fin rapidement à l'itinérance des personnes et constitue un investissement judicieux du fait que chaque tranche de 10 dollars investie génère une économie moyenne de 9,60 dollars chez les participants aux besoins élevés et de 3,42 dollars chez ceux ayant des besoins modérés » en matière sanitaire et sociale.

En France, le programme « Un chez-soi d'abord » a été lancé en 2011. L'expérimentation, coordonnée par la Délégation interministérielle à l'hébergement et à l'accès au logement, se déroule depuis sur quatre sites, à Lille, Marseille, Paris et Toulouse ; elle est conduite par des établissements de santé mentale, des associations d'action sociale et des acteurs du logement. Sur chaque site, environ cent personnes, vivant pour la plupart depuis longtemps dans la rue, bénéficient d'un accompagnement pluridisciplinaire renforcé et d'un logement sous le régime de l'intermédiation locative, la personne étant sous-locataire de l'association. Cent autres personnes présentant le même profil (absence de domicile, troubles psychiatriques, addictions, etc.) constituent un groupe témoin : elles sont suivies de manière plus classique. L'évaluation du programme consiste notamment à comparer ces deux modes de prise en charge, leur coût et leur utilité pour les personnes, ainsi qu'à identifier les impacts sur les pratiques professionnelles.

À l'issue des trois premières années, le programme a été reconduit au vu des résultats : à vingt-quatre mois, délai retenu pour tenir compte de la montée en charge progressive, 84 % des personnes ont eu un suivi régulier et 86 % sont toujours logées ; la qualité de vie et la santé globale des locataires se sont améliorées, et les durées de séjours hospitaliers ont été réduites de moitié, selon les évaluations réalisées. La présence dans une même équipe de compétences habituellement dispersées (psychiatre, infirmiers, travailleurs sociaux, « capteur » de logement, médiateurs de santé pairs, eux-mêmes usagers du dispositif) et leur intervention au domicile des personnes renforcent les effets positifs de cette approche inconditionnelle, basée sur la réduction des risques liés aux addictions.

Si le gouvernement a annoncé le prolongement d'« Un chez-soi d'abord », il ne l'a pas pour autant généralisé, même si d'autres sites le déclinent sur une base volontaire, comme Bordeaux. Les réussites restent donc limitées en raison de la faible ampleur du dispositif. Elles valident cependant la pertinence de l'approche du « logement d'abord », pour tous les publics sans domicile, plutôt qu'un parcours sinueux en hébergement ou en hôtel, non seulement inadapté aux personnes mais aussi plus coûteux pour la collectivité.

6. Proposer un logement pérenne à des personnes isolées

Vivre chez soi et vivre ensemble

« La vie en collectivité ça apprend énormément de choses. Les résidents, je leur apporte autant qu'ils m'apportent, finalement. Ce qui est super positif, c'est qu'on est encadrés par des hôtes qui ne jugent pas. Maintenant, il faut que je me reconstruise. » Rémi habite dans une pension de famille, un lieu où peuvent s'installer aussi longtemps qu'elles le veulent des personnes souffrant d'isolement et rencontrant des difficultés pour vivre dans un logement traditionnel. Ces personnes, qui sortent souvent de centres d'hébergement ou de la rue, y disposent d'un « chez-soi », dans un ensemble chaleureux. Il existe environ 750 pensions de famille en France, qui proposent un peu plus de 14 000 logements.

Pension de famille, un lieu convivial

La pension de famille est un lieu à taille humaine intégré dans son environnement, rural ou urbain, qui offre un logement privatif équipé et confortable, ainsi que des espaces communs conçus pour une vie agréable. La vie quotidienne (tâches ménagères, activités, loisirs, etc.) invite à des échanges qui permettent de retrouver des repères. Les résidents bénéficient d'un accompagnement de proximité, qui favorise l'accès aux droits et à la santé, en lien avec les services externes chargés de leur suivi social ou médical. L'équipe d'hôtes est attentive aux difficultés, aux envies ;

elle conseille les résidents, les encourage, les oriente vers les partenaires à même de leur répondre.

Les pensions de famille se sont développées en France à la suite d'un programme expérimental lancé en 1997 par les ministères du Logement et de l'Action sociale. Les enseignements tirés de ces expériences très diverses et les contributions de la Fondation Abbé Pierre ont débouché sur la définition du statut administratif de « maison relais » en 2002. Depuis, les pouvoirs publics ont encouragé la création de ces maisons qui participent à la mise en œuvre du droit au logement. Cette forme alternative de logement, conçue pour des personnes en situation d'exclusion, s'inscrit dans une logique d'habitat pérenne, sans limitation de durée, et non d'hébergement temporaire. Les personnes logées ont un statut de résidents (certaines pensions les appellent « habitants »), signent une convention d'occupation, bénéficient de la libre jouissance des lieux privatifs et s'acquittent d'une redevance mensuelle, assimilable à un loyer modique, et aux charges locatives afférentes. Les logements de la pension de famille font l'objet d'un conventionnement à l'aide personnalisée au logement ; le résident bénéficie donc de cette aide, qui est versée en tiers payant par la caisse d'allocations familiales à l'organisme gestionnaire et qui prend en compte le coût du loyer et des charges : cela laisse un reste à vivre (montant des revenus diminué du montant des charges fixes : loyer, impôts, pensions, transports, etc.) plus confortable que dans un logement de droit commun. Pour les services de l'État, les pensions de famille, financées pour le fonctionnement quotidien à hauteur de 16 euros par personne et par jour, sont généralement moins coûteuses que des places en centre d'hébergement et de réinsertion sociale.

Considérant que les pensions de famille – appellation jugée plus proche de l'idée de logement pérenne que celle de « maison relais » – constituent une réponse pertinente pour des personnes isolées en situation de mal-logement et de grande précarité, la Fondation Abbé Pierre soutient un réseau de quarante-huit structures construit en trois cercles : une pension en gestion directe ; des pensions partenaires bénéficiant du label de la Fondation ; et un troisième cercle plus éloigné de projets soutenus à leur création ou à un moment de leur développement.

Construire des maisons

L'effet « réseau » a joué quand des pensions de famille plus anciennes ont participé à la création de la pension de Mâcon et accompagné dans la phase de lancement l'association gestionnaire, constituée spécifiquement pour mettre en œuvre ce projet. La « petite dernière », ouverte en 2015, est le fruit d'un long cheminement. Six ans, c'est le temps qui court souvent de l'idée à l'inauguration. À Mâcon, l'histoire commence fin 2008. Pour répondre aux besoins répertoriés par le plan départemental d'action pour le logement des personnes défavorisées et par le programme local de l'habitat, l'État et la mairie sollicitent l'association Accueil des Charmilles, qui gère un accueil de nuit, afin qu'elle crée sur le territoire de la commune une pension de famille. En partenariat avec une autre association locale, les administrateurs contactent un bailleur social, Mâcon Habitat, afin de lui demander d'assurer la maîtrise d'ouvrage. Partenaires et financeurs forment un comité de pilotage pour préciser les contours de l'action, rédiger le projet social, établir le programme de la construction des seize logements et des parties collectives, définir le fonctionnement de la structure, affiner le montage opérationnel et financier. Les réunions se succèdent.

En juin 2012, l'association Les Trappistines, du nom de la rue, est fondée pour porter le projet. Elle obtient l'agrément pour la gestion locative un an plus tard et attend encore quelques mois l'attribution d'un terrain par la ville de Mâcon, puis le début des travaux de construction du bâtiment par le bailleur social. À l'été 2015, une hôtesse gestionnaire est recrutée pour préparer l'ouverture de la maison et l'accueil des premiers habitants. Prévus en septembre 2015, ils auront lieu en février 2016. Pendant cet intervalle, l'hôtesse effectue plusieurs périodes d'immersion dans d'autres pensions du réseau et aménage les locaux avec un architecte d'intérieur. L'association a bénéficié du partenariat de la Fondation Abbé Pierre avec la société Ikea qui, depuis plus de dix ans, apporte aux pensions de famille une aide financière leur permettant de s'équiper en mobilier divers (cuisine, salon, chambres, etc.) et d'embellir les structures afin d'accueillir ainsi les personnes dans les meilleures conditions possibles. L'aménagement fonctionnel et agréable des lieux est en effet essentiel dans l'accompagnement des personnes fragilisées qui, pour beaucoup, n'ont jamais eu les moyens financiers de vivre dans un environnement de qualité, voire n'ont pas eu de domicile personnel. Les logements sont attribués par une commission partenariale, en lien avec le service intégré d'accueil et d'orientation départemental.

Créer du lien au quotidien

Les pensions de famille proposent un cadre de vie qui permet aux résidents de retrouver une stabilité et de reprendre progressivement confiance en leurs capacités. Ils participent aux tâches collectives (courses, ménage, etc.) et à la préparation des repas qui, plusieurs fois par semaine, sont pris en commun. S'ils le souhaitent, ils peuvent aussi participer à des activités organisées par les hôtes avec le soutien d'intervenants extérieurs, de bénévoles et d'associations locales, par exemple. À Nîmes, au sein de la pension de famille Lumière et Vie, les hôtes et les habitants s'impliquent dans de nombreuses actions et répondent aux propositions du réseau de la Fondation auquel ils apportent leur expérience et leur expertise : préparation des rencontres nationales du sport solidaire ; démarche citoyenne auprès des sénateurs (voir p. 62) ; participation d'habitants à la présentation du rapport sur l'état du mal-logement.

« Nous nous efforçons tout au long de l'année d'accompagner, épauler, écouter, construire, mettre en lien et proposer des actions, à travers la culture, les voyages, les rencontres, les concerts et les sorties. La participation des résidents aux différents projets contribue à la reconquête d'un sentiment de dignité », écrit l'équipe. Après avoir assisté aux spectacles du théâtre de Nîmes et organisé une activité théâtrale en interne, la pension a participé au festival « C'est pas du luxe ! » (voir p. 65) en septembre 2015. La pratique du théâtre favorise l'épanouissement en développant la confiance en soi, la prise de conscience de ses capacités et la découverte de nouveaux moyens de communication dans un espace où l'on peut se risquer à oser, dans un climat de totale bienveillance. Elle renforce le groupe en respectant chaque personnalité et en permettant, par le biais du travail en commun et de l'entraide, que chacun aille à la rencontre des autres.

À Nîmes, la plupart des autres activités locales s'adressent à un public mixte. Les habitants y côtoient des hommes et des femmes seuls accueillis dans des structures d'hébergement d'urgence, des parents isolés avec enfants, des jeunes peu autonomes, des personnes sans domicile, des retraités aux revenus insuffisants, des handicapés moteurs, des résidents d'autres pensions, etc. Tous partagent un besoin d'écoute et de soutien moral. Les différences, les demandes et les capacités des uns et des autres produisent de la richesse sociale. Il ne s'agit pas de vivre entre soi, mais de vivre avec les autres.

7. Produire des logements très sociaux

Le devoir de loger

En 2005, la plus grande part des nouveaux logements sociaux du parc public s'adressent d'abord aux foyers modestes, voire aux classes moyennes, et restent hors de portée des familles les plus défavorisées. La Fondation Abbé Pierre décide alors de soutenir la création de logements très sociaux financés grâce aux prêts locatifs aidés d'intégration. Sous le titre « Le devoir de loger », l'abbé Pierre explique ce choix dans le magazine *Et les autres ?*, en juillet 2005 : « Vivre dignement implique qu'on soit logé, ce qui fait du logement un droit fondamental [...]. La Fondation, grâce à ses donateurs, lance une opération qui va permettre la création de 1 500 logements pour plus de 5 000 personnes. Nous espérons par là obliger l'État à augmenter son effort de construction pour les plus bas revenus. Je suis fier de ce travail et, en même temps, j'ai honte que mon pays compte autant de personnes en détresse de logement. [...] L'État sera-t-il à la hauteur du défi que notre Fondation lui lance ? Les mairies qui refusent les logements sociaux continueront-elles à mépriser le droit le plus élémentaire des plus pauvres, et les citoyens resteront-ils encore longtemps sourds à la plainte de ceux qui souffrent ? » Plus de dix ans ont passé, et 6 500 logements familiaux ou en petit collectif ont été produits avec le soutien de la Fondation.

À Saint-Étienne, avec des gens du voyage sédentarisés

La caravane n'est pas reconnue comme un logement ; ses occupants ne peuvent donc bénéficier d'une allocation logement pour y vivre ni d'un prêt habitat pour en acheter une nouvelle. Les gens du voyage sédentarisés doivent le plus souvent se contenter de construire avec ou sans autorisation des prolongements à leur caravane, ou intégrer un logement individuel ou collectif classique, supposant un mode de vie auquel ils sont rarement préparés. L'association Soliha Loire s'est engagée il y a plus de vingt ans à promouvoir et à produire des logements d'insertion pour les ménages défavorisés. À Sury-le-Comtal, près de Saint-Étienne, elle a porté un projet d'habitat adapté évolutif, conçu et réalisé avec et pour six familles issues de la communauté des gens du voyage.

L'objectif était de proposer à des ménages sédentarisés n'ayant jamais vécu dans un logement d'être acteur et de co-construire un projet d'habitat qui prenne en compte leurs pratiques culturelles, leurs modes de vie et leurs usages, mais également les critères bien plus normatifs du logement public. Ces éléments ont été identifiés lors d'ateliers participatifs avec les futurs habitants, les institutions, les financeurs et les professionnels (architecte, entreprises, accompagnateurs, sociologue, etc.). Ce travail collaboratif a permis de définir le programme jusqu'à l'entrée des ménages dans les logements individuels : un habitat en dur, comprenant unc pièce de vie (servant de cuisine, salon et salle à manger), des sanitaires (douche et toilettes) accessibles de l'intérieur et de l'extérieur, et un auvent pour abriter une caravane pouvant faire office de chambre supplémentaire. En gagnant la confiance des familles, Soliha a favorisé leur implication dans le projet et leur appropriation responsable des lieux et de leur environnement. La concertation a été poursuivie après l'emménagement pour élaborer les règles de ce « nouveau voyage » dans le lotissement.

À Paris, avec les voisins

Il est rare que les projets d'hébergement ou de logement très sociaux soient acceptés sans broncher par les riverains. Au début des années 2000 pourtant, dans le 14e arrondissement parisien, des habitants du quartier Pernety-Plaisance se sont mobilisés pour les personnes en difficulté vivant dans les rues voisines. Soucieux de lutter contre la précarité sociale, ils se sont appuyés sur l'association Urbanisme et Démocratie, qui lutte depuis plus de vingt ans pour la réappropriation de leur quartier par ses habitants, creuset de la réflexion qui a débouché sur un projet de pension de famille pour loger ces personnes. Une quarantaine de membres fondateurs continuent à gérer et animer l'association qu'ils ont créée à cette fin et portée pendant plus de dix ans avant que les logements ne soient livrés. L'immeuble, construit par le bailleur social Paris Habitat sur une friche rue des Thermopyles, propose dix-sept studios équipés d'une kitchenette et d'une salle de bains. Dans ce « bâtiment basse consommation », l'eau chaude est fournie par des panneaux solaires installés sur le toit. Sobre en énergie, il ne génère donc que de faibles charges pour des résidents aux revenus très modestes provenant des minima sociaux.

Ces personnes ont connu pendant des années les hébergements d'urgence, les meublés à Paris ou en banlieue, les menaces d'expulsion, avant de rejoindre la Maison des Thermopyles, dans une rue de carte postale, pavée et fleurie, où le prix moyen du mètre carré dépasse les 8 000 euros... et où elles bénéficient d'un logement à faible loyer. L'ancrage dans le quartier permet aux personnes accueillies de retrouver un lien social fondé sur la mixité avec des habitants et des commerçants riverains, qu'ils côtoient dans le jardin partagé, à l'épicerie solidaire ou au conseil de quartier. Ils vivent désormais dans un logement « à eux ».

Partout en France

Les 6 500 logements produits grâce au soutien financier de la Fondation depuis 2005 représentent l'équivalent d'une ville de quelque 15 000 habitants. Créés ou réhabilités sur tout le territoire, à travers les grands programmes qu'elle a lancés, ces logements accessibles et pérennes ont permis à des milliers de ménages modestes d'accéder à un logement ou de s'y maintenir. L'aide de la Fondation représente jusqu'à 10 % du prix de revient des opérations, le reste du financement étant réparti entre apports de fonds propres, subventions de l'État et des collectivités locales, et emprunts. Cela lui permet de soutenir des maîtres d'ouvrage associatifs, qui connaissent bien les publics concernés et proposent des logements accompagnés au sein d'opérations immobilières à taille humaine.

Avec le recul des années, se dessine un nouveau visage de la construction ou réhabilitation de logements très sociaux. D'abord, le programme de construction ou de réhabilitation privilégie les logements familiaux « en diffus », bien intégrés dans leur environnement, la moyenne étant de deux logements par opération. Par exemple, à Vincennes, aux portes de Paris, l'association France Euro Habitat a acquis puis rénové un appartement. Le locataire, un employé au salaire très modeste, vit seul dans cet appartement, unique logement très social de cet immeuble en copropriété. Ensuite, cette production s'appuie sur la captation et le réemploi de logements du parc privé insalubres, souvent vacants depuis de longues années. Effet indirect, cela permet de redensifier le tissu urbain et de revitaliser des centres-bourgs. Ainsi à Allan, près de Montélimar, des logements très sociaux ont été créés au centre du village, dans un immeuble en grande partie vacant et entièrement rénové par Soliha Drôme. Quatre logements de trois pièces ont été aménagés sur les deux étages ; le rez-de-chaussée est occupé par La Poste, une auto-école et un cabinet médical. Les personnes qui fréquentent le bâtiment en ont une image positive.

Enfin, toutes les opérations menées dans le cadre de ce programme proposent des logements à loyer très social et dont l'ensemble du coût d'usage (charges locatives, coûts énergétiques, etc.) est très maîtrisé. Les constructions neuves livrent des logements économes et les opérations de réhabilitation permettent d'accroître en moyenne la performance énergétique de 64 %, ce qui revient à réduire de 900 euros par an la facture pour le ménage occupant le logement, d'après les calculs effectués pour la Fondation. Les réalisations les plus récentes sont des « bâtiments passifs », qui n'ont pas besoin de chauffage : les façades principales sont orientées au sud, l'isolation est renforcée, les menuiseries sont équipées d'un triple vitrage, la production d'eau chaude sanitaire est complétée par des capteurs solaires, et la ventilation à double flux peut chauffer le bâtiment si besoin.

Un autre projet écologique et solidaire est celui porté par l'association Solidarités nouvelles pour le logement (SNL). Familles monoparentales, retraités seuls ou en couple, jeunes célibataires et familles nombreuses, les occupants des douze logements très sociaux produits à La Plaine Saint-Denis, en banlieue parisienne, sont tous nés dans les quartiers environnants. Des personnes, aujourd'hui locataires, ont participé à la conception de cet habitat novateur afin d'y favoriser le vivre-ensemble : on y trouve une cuisine collective, un four à pain, une cour-jardin ouverte sur le quartier, de larges coursives reliant les appartements et des jardins carrés en terrasse. Les choix architecturaux et techniques se sont attachés particulièrement à la gestion thermique de l'ensemble des bâtiments afin de réduire de manière significative les consommations énergétiques. Quand l'opération est réussie, la création de logements très sociaux apparaît aux locataires, aux riverains – et aux électeurs – comme une solution, et non plus comme un problème.

8. Améliorer l'habitat des compagnons

Les communautés Emmaüs, lieux d'accueil, de travail et de solidarité

« Avant il n'y avait rien, à peine une baraque en bois. Avec Joseph on a tout construit. On faisait tout à la main, c'est pas comme maintenant. On a démoli, maçonné [...] », raconte Jules, qui travaillait aux ateliers de la communauté Emmaüs de Peltre, à côté de Metz. « L'hiver, c'était très dur. On restait toute la journée dans les courants d'air. Nous n'avions qu'un simple poêle à bois pour nous chauffer. J'avais les mains gelées en permanence, je ne pouvais même plus tenir mon stylo », ajoute Bernard, responsable d'un des magasins de vente, dans le livre *Cinquante images pour cinquante ans* publié par la communauté en 2007. Raymond Étienne, qui la dirigea longtemps, se souvient de sa première visite : « C'était en 1966. La communauté avait été créée une dizaine d'années plus tôt et un grand incendie avait ravagé le site en 1964. J'ai été effrayé de voir des gens vivant dans des baraques en bois, travaillant dans un hangar ouvert à tous les vents, prenant leurs repas dans un réfectoire sale et sombre. » Quand il prend le poste de responsable, en 1968, « les cafards couraient sur le plafond de la cuisine et tombaient dans la soupe ou dans le café. J'ai tout passé au chalumeau, fait démonter les meubles, nettoyer et réinstaller quand ça a été propre. » (Laurent Desmard et Raymond Étienne, *L'Abbé Pierre, fondateur et rebelle*, Desclée de Brouwer, 2012).

L'histoire des communautés Emmaüs

Construite des mains de compagnons maçons, électriciens, charpentiers, ou simples bricoleurs, agrandie, complétée de nouveaux bâtiments et ateliers, élevés sans permis de construire, modernisée à plusieurs reprises grâce à l'ingéniosité de ses bâtisseurs, la communauté de Peltre a bénéficié en 2004 d'importants travaux d'amélioration de l'habitat des compagnons. Les anciens dortoirs avaient précédemment laissé place à des chambres de quatre lits. La construction de treize logements neufs, dont trois pouvant accueillir des personnes handicapées, et la réhabilitation de seize autres logements ont permis le passage à des chambres individuelles. Emmaüs Habitat, société HLM du mouvement Emmaüs, en a assuré la maîtrise d'ouvrage. Les compagnons ont été associés au projet depuis sa conception, en 2002, et ont participé au chantier, notamment à la construction en ossature bois avec une entreprise d'insertion partenaire de la Fondation Abbé Pierre. La pose de la première pierre par l'abbé Pierre en personne a préfiguré, au-delà du chantier de Peltre, le lancement d'un ambitieux programme pour améliorer l'habitat dans les communautés Emmaüs en France.

Comme Peltre, les 115 communautés de compagnes et de compagnons sont des lieux d'accueil inconditionnel, de vie, de travail et de solidarité, qui fonctionnent grâce à l'activité de récupération d'objets. Cette autonomie financière leur permet d'être innovantes et libres de leur parole. La personne accueillie à la communauté y reste aussi longtemps qu'elle le veut, avec pour seule obligation de respecter les règles de vie en commun. Le « travail » des compagnons, rémunéré par un pécule et basé sur la récupération et la valorisation du matériel donné et collecté, n'a pas la même signification que dans l'économie de marché. Son but est bien la production de richesses, mais au service des personnes accueillies et de projets de solidarité. Les compagnons, des hommes et des femmes accueillis au titre de « demandeurs d'aide et de soutien », deviennent acteurs de projets au profit des plus démunis – qu'ils vivent dans les environs ou dans des pays éloignés – dans la fidélité aux buts originels des communautés Emmaüs.

À Neuilly-Plaisance, en Seine-Saint-Denis, au sortir de la Seconde Guerre mondiale, l'abbé Pierre a loué une grande maison délabrée et deux pavillons attenants au milieu d'un terrain vague, pour en faire un « foyer d'action sociale et de rencontres internationales » qui reçoit des prêtres-ouvriers, des scouts et des militants de mouvements chrétiens de jeunesse. La légende d'Emmaüs commence avec l'accueil à Neuilly-Plaisance en octobre 1949 du premier hôte permanent : Georges Legay, parricide, tout juste libéré du bagne de Cayenne, alcoolique et désespéré. L'abbé Pierre lui demande de l'aider à aider des malheureux. Avec d'autres hommes seuls à la rue, vagabonds, chômeurs, anciens légionnaires, ils forment la première des communautés Emmaüs. L'abbé rachète des baraques construites par les Allemands en 1940 pour héberger des prisonniers, et en utilise les matériaux pour agrandir la maison qui comprend désormais quatre dortoirs, cent lits, trois salles de réunion, « une grange de foin pour vingt personnes » et une chapelle.

Un habitat social à rénover

La plupart des communautés ont, comme celles de Neuilly-Plaisance ou de Peltre, été construites et aménagées par étapes successives, sur des terrains souvent délaissés, dans un respect pas toujours scrupuleux des règles d'urbanisme et des normes du bâtiment. Elles offrent un habitat social de fait aux quelque 4 000 compagnons qui y résident, dans des logements parfois dépourvus de confort et d'intimité. Emmaüs France et la Fondation Abbé Pierre ont donc conçu le programme « Habitat des Compagnons » pour garantir à toutes les personnes accueillies un habitat digne et sécurisé dans les communautés. Sur la période 2011-2015, ce programme a financé des opérations de constructions neuves, pour remplacer un habitat indécent et créer de nouvelles places d'accueil : construction ou restructuration complète de bâtiments conventionnés en résidence sociale, avec le plus souvent l'intervention d'un bailleur social comme maître d'ouvrage ; création de logements adaptés aux familles et aux couples, ou en plus grande autonomie, pour offrir des conditions plus conformes aux caractéristiques minimales d'habitat contemporaines. Il a également contribué à la réalisation de travaux de réhabilitation d'habitat existant (isolation, rénovation de sanitaires, etc.) et de travaux d'urgence et de sécurité (réfection d'une toiture, mise aux normes de la cuisine collective, etc.). Le bilan indique que 839 places d'accueil ont été améliorées ou complètement réhabilitées et 494 places d'accueil neuves ont été construites, soit au total 1 333 places en cinq ans, alors que le besoin a été estimé à 2 000 places pour toute la France. D'où la nécessité de poursuivre l'effort dans les années à venir.

Répondre aux nouveaux besoins d'accueil

Formule inventée il y a près de soixante-dix ans, les communautés Emmaüs sont confrontées aujourd'hui à deux évolutions majeures : l'augmentation des demandes d'accueil et la diversification des profils des compagnons. Une récente étude menée pour Emmaüs France souligne que le nombre de compagnons accueillis est passé de 3 938 en 2007 à 4 250 en 2012 ; dans la même période, les demandes d'accueil ont plus que doublé et le taux de demandes non satisfaites est passé de 50 à 70 %. Cette évolution montre autant l'actualité des communautés que l'embolie des autres structures de prise en charge des personnes en difficulté. Pour répondre à l'urgence, des communautés sont amenées à loger quelques compagnons dans des locaux inadaptés mais disponibles immédiatement. Par ailleurs, le profil sociologique des compagnons accueillis évolue. Le « départ en retraite » des anciens compagnons, dont la plupart restent sur place, l'accueil de femmes (qui représentent 10 % de l'ensemble), de couples et de familles avec enfants, impliquent des travaux parfois lourds pour offrir des conditions d'habitat adaptées à ces nouveaux profils (chambres accessibles, communicantes, de plus grande taille, etc.). Les responsables constatent aussi la présence accrue de sans-papiers et de demandeurs d'asile, auxquels l'accueil en communauté permet d'obtenir plus facilement des régularisations.

Longtemps restées hors de tout statut juridique, les communautés sont agréées depuis 2009 comme « organismes d'accueil communautaire et d'activités solidaires », économiques mais aussi sociales et culturelles. Par exemple, la communauté de Saint-Marcel, à Marseille, organise depuis une vingtaine d'années le Festival des arts de passage, construit à partir des valeurs défendues par Emmaüs : rassembler, échanger, créer ensemble. Il s'appuie sur le désir de donner la parole à ceux qui ne l'ont pas et permet à une population souvent marginalisée de s'exprimer et de se réaliser en participant aux différents ateliers. Le festival réunit compagnons d'Emmaüs Saint-Marcel, habitants des quartiers de la vallée de l'Huveaune, acteurs associatifs et artistes dans la conception et la réalisation d'un projet culturel, collectif et citoyen. Ils offrent ainsi au public le premier samedi du mois de juillet des spectacles, animations et performances, qui se déroulent dans la communauté. C'est l'occasion pour les compagnons de montrer l'endroit où ils habitent et travaillent, et de parler comme ils le souhaitent de leur parcours de vie.

9. Mettre en œuvre le droit au logement opposable

Assigner à l'État une obligation de résultat

À l'occasion des 9 ans de la loi sur le droit au logement opposable (Dalo), le 5 mars 2016, M. Cardo vient apporter son témoignage. Il a enfin visité un appartement de 50 m^2 dans le 14e arrondissement de Paris, après avoir attendu trois ans avec sa femme et son fils depuis que le ménage a été reconnu prioritaire, en 2013, et plus de dix années pendant lesquelles il a effectué son renouvellement de demande de logement social à la mairie. « On attendait ça depuis si longtemps ! Vraiment, ça n'était plus possible de vivre dans 30 m^2 avec notre fils de 16 ans et demi. Il avait du mal à s'isoler pour faire ses devoirs, il dormait mal... Ce sont ses études qui sont en jeu, c'est son avenir qui est important ! Pour 50 euros de moins de loyer, nous aurons 20 m^2 de plus... Enfin deux chambres ! Nous avons aussi un balcon et l'immeuble est très calme. Cela va nous changer de notre appartement où nous étions au-dessus d'un café. Il est très propre et il n'y a rien à faire dedans, juste à décorer. Chez nous, on ne faisait rien, on ne pouvait même pas bouger les meubles pour repeindre. » Comme pour M. Cardo, le Dalo fonctionne bien dans la plupart des départements et permet aux ménages restés, pour diverses raisons, « en dessous de la pile » des demandeurs HLM, de faire valoir leurs droits.

État des lieux du Dalo

Depuis le 1er janvier 2008, le Dalo donne la possibilité à six catégories de ménages (dépourvus de logement, menacés d'expulsion, hébergés, en habitat indigne, en suroccupation, en attente d'un logement social depuis un « délai anormalement long ») de déposer un recours amiable auprès des commissions de médiation installées dans chaque département afin d'accéder à un logement ou à une place d'hébergement. Les ménages reconnus prioritaires doivent alors recevoir une proposition de la part du préfet et peuvent, à défaut, déposer un recours contentieux contre l'État défaillant auprès du tribunal administratif. En janvier 2016, le comité de suivi du Dalo a présenté un bilan, plutôt mitigé, couvrant la période 2008-2014. En sept ans, près de 500 000 recours ont été déposés, principalement en Île-de-France et en Provence - Alpes - Côte d'Azur, zones tendues en matière de logement. La Fondation Abbé Pierre estime cependant que ce chiffre, déjà inquiétant, est encore loin de la réalité des besoins, car de nombreux ménages n'engagent pas de recours, bien qu'ils puissent y prétendre, en raison du manque d'information et d'accompagnement des requérants potentiels.

Sur ces 500 000 demandes, 166 000 ont fait l'objet d'une décision favorable, dont un peu plus de 80 000 ont abouti à un relogement suite à une offre dans le cadre du Dalo, et près de 60 000 sont restées insatisfaites, dont 40 000 en Île-de-France : ces ménages, les « naufragés du Dalo », attendent toujours d'être logés, certains depuis six mois, d'autres depuis sept ans. On peut donc, comme le ministère du Logement, parler d'« effectivité partielle ». Les recours contentieux restent néanmoins très faibles ; l'État a tout de même été condamné à 8 377 reprises pour ne pas avoir proposé un logement ou un hébergement, et pour la première fois en 2015 par la Cour européenne des droits de l'homme. Fait plus inquiétant, le taux de décisions favorables des commissions de médiation tend à baisser très nettement. Face au manque d'offres de logements, y compris pour les « prioritaires Dalo », certaines commissions limitent le nombre de ménages éligibles : le taux d'acceptation des demandes Dalo a baissé de 45 à 32 % entre 2008 et 2014.

Une fausse bonne idée ?

Le droit au logement était promis dès la loi dite « Besson » de mai 1990 : « Garantir le droit au logement constitue un devoir de solidarité pour l'ensemble de la nation. Toute personne ou famille éprouvant des difficultés particulières, en raison notamment de l'inadaptation de ses ressources ou de ses conditions d'existence, a droit à une aide de la collectivité, dans les conditions fixées par la présente loi, pour accéder à un logement décent et indépendant ou s'y maintenir. » En 2002, le Haut Comité pour le logement des personnes défavorisées propose de créer une obligation de résultat juridiquement opposable, et non plus seulement une obligation de moyens. L'idée du Dalo est ensuite portée par une plateforme nationale constituée d'une cinquantaine d'associations réunies autour d'ATD Quart Monde. En mai 2006, le gouvernement annonce le principe de l'expérimentation volontaire de ce droit par les collectivités locales. Mais un coup d'accélérateur imprévu est donné au projet. Dans la nuit du 15 au 16 décembre 2006, la toute récente association Les Enfants de Don Quichotte, qui se revendiquent fils spirituels de l'abbé Pierre, installe un village de deux cents tentes sur les rives du canal Saint-Martin, à Paris, qui héberge plusieurs centaines de SDF et quelques dizaines de volontaires partageant, par solidarité, leurs conditions de vie. L'action est rapidement médiatisée et reçoit le soutien de personnalités. D'autres campements s'établissent dans des villes de province, à Nantes, Strasbourg, Lille, etc. Dès le 8 janvier 2007, le gouvernement adopte un plan d'action renforcé en direction des personnes sans abri et annonce un projet de loi sur le droit au logement opposable. La loi Dalo est adoptée à l'unanimité le 5 mars 2007, quelques semaines après le départ « en grandes vacances » du fondateur d'Emmaüs le 22 janvier, si bien que certains avaient souhaité l'appeler « loi abbé Pierre ».

Le droit au logement opposable a suscité bien des espoirs. La déception des ménages reconnus prioritaires et non relogés est à la hauteur de cette attente, ainsi que peuvent le constater trop souvent les salariés et les bénévoles qui les reçoivent à l'Espace Solidarité Habitat, géré par l'agence régionale Île-de-France de la Fondation Abbé Pierre. Depuis 2014, avec le Secours catholique et l'association Droit au logement, cette agence organise la mobilisation des ménages reconnus prioritaires et urgents avec un moment fort annuel le 5 mars, jour de l'adoption de la loi Dalo, pour en demander l'application immédiate, interpeller l'opinion publique et faire pression sur les décideurs. Un premier résultat de cette manifestation citoyenne est d'avoir contribué à la mise en place d'une commission spécifique Dalo au sein du comité régional qui rassemble les acteurs du logement et de l'hébergement en Île-de-France et à l'annonce par le préfet de région du doublement des relogements pour les prioritaires.

L'exemple écossais

Quand les associations françaises ont fait la promotion de cette idée, elles avaient en tête un exemple venu de l'étranger : l'Écosse, alors seule région européenne à avoir mis en place un droit au logement opposable. Le *Housing Act* adopté en 1977 au Royaume-Uni oblige les communes à fournir un logement permanent aux personnes prioritaires et de bonne foi qui en sont dépourvues. Le Parlement écossais est allé plus loin en votant le *Homelessness Act* en 1987 pour rendre les personnes sans domicile prioritaires dans l'accès aux logements sociaux et éviter ainsi des dépenses sociales. En 2003, le droit au logement est renforcé : la loi prévoit une montée en charge progressive afin qu'en 2012 toute personne mal logée puisse exiger – et obtenir – de la collectivité locale d'accéder à un logement décent, au besoin en déposant un recours devant les tribunaux. Si le droit écossais est comparable au Dalo français, la démarche est très différente. Il n'existe pas en Écosse de commissions de médiation, mais, de façon plus pragmatique, une recherche collective de réponses par l'ensemble des acteurs. Ces solutions résident tant dans le développement de l'offre de logements, sociaux et privés, que dans l'amélioration des logements existants. Par exemple, les logements locatifs privés sont enregistrés sur une liste accessible à tout citoyen sur Internet, et sont retirés de cette liste s'ils ne respectent pas les critères de décence. Les collectivités locales gèrent des actions d'accompagnement social pour que les personnes mal logées qui accèdent à un logement décent puissent s'y maintenir, et pour soutenir les locataires défaillants. Une instance de suivi évalue la mise en œuvre du droit au logement, identifie les bonnes pratiques et tente de corriger les difficultés.

Retour en France. La Fondation Abbé Pierre demande aujourd'hui que soient relogés en urgence les quelque 59 000 ménages reconnus prioritaires et toujours sans logement, en mobilisant le parc privé à travers un plan de captation de logements, ainsi que le parc social par le biais de tous les contingents de logements sociaux gérés par l'État, les collectivités et les organismes réservataires. Le Dalo n'est pas une filière pour l'accès au logement social, mais bien une façon d'interroger la société et les pouvoirs publics sur le modèle de solidarité qu'ils veulent promouvoir. Malgré son insuffisante application, le Dalo accélère le relogement des ménages prioritaires, rend visibles les carences de l'État et oblige celui-ci à mobiliser les autres contingents sous la menace du contentieux. Pour le renforcer, une question se pose aujourd'hui : faut-il inscrire le droit au logement dans la Constitution, au même titre que le droit de propriété ?

10. Redonner une voix aux exclus du logement

« Je n'en reviens pas d'avoir parlé comme ça »

L'hiver 1953-1954 est l'un des plus rigoureux de l'après-guerre. Des milliers de « couche-dehors » dorment dans les rues de Paris, dans des abris improvisés ; pendant la nuit, l'abbé Pierre et les chiffonniers-bâtisseurs d'Emmaüs leur distribuent des boissons chaudes. Ancien député, l'abbé demande au Parlement d'affecter un milliard de francs à la construction de logements d'urgence, mais sa proposition est rejetée. Le 1er février 1954, une femme décède. L'abbé rédige avec le journaliste Georges Verpraet un texte qu'il lit à l'antenne de Radio Luxembourg : « Mes amis, au secours... Une femme vient de mourir gelée, cette nuit à 3 heures, sur le trottoir du boulevard Sébastopol, serrant sur elle le papier par lequel, avant-hier, on l'avait expulsée... » L'appel est entendu et déclenche à Paris et en province « l'insurrection de la bonté », selon l'expression employée par l'abbé Pierre. Les dons en nature et en argent affluent, des chambres d'hôtel sont ouvertes, des lits installés dans des bâtiments publics. Dès le 4 février, le Parlement adopte à l'unanimité l'affectation de 10 milliards de francs – dix fois plus que demandé – afin de construire immédiatement 12 000 « logements économiques de première nécessité » à travers toute la France.

Rencontre au Sénat

Soixante ans après l'appel de 1954, la crise du logement a pris de nouvelles formes. À l'occasion de cet anniversaire, comment entendre, reconnaître et faire valoir ce que vivent ces citoyens trop souvent oubliés qui vivent à la rue ou sont mal logés ? Comment s'adresser de nouveau aux parlementaires ? « Il faut que la voix des hommes sans voix empêche les puissants de dormir », disait l'abbé Pierre. La Fondation a donc décidé d'organiser une rencontre au Sénat, le 3 juillet 2014, entre des parlementaires et des personnes vivant des situations de grande précarité. L'objectif était d'inscrire, ou de réinscrire, ces personnes dans une dynamique de participation citoyenne, d'une part, et de sensibiliser les élus aux réalités du mal-logement, d'autre part. Avec leurs témoignages, leurs questions et leurs propositions, elles ont porté une parole collective aux représentants du peuple.

Pour cela, il fallait mettre en confiance les participants, montrer que leur parole serait libre et respectée. Une centaine de personnes accueillies dans des Boutiques Solidarité ou logées dans des pensions de famille ont été impliquées dans ce projet préparé durant trois mois. En avril, les premières rencontres ont présenté l'action et lancé le débat sur les problèmes que les personnes souhaitaient faire remonter aux sénateurs. Ces premières réunions se sont déroulées dans les structures d'accueil et de logement, lieux familiers et donc rassurants pour les participants. En mai, les deuxièmes sessions, tenues au niveau régional, ont permis de retravailler collectivement les sujets à présenter aux sénateurs. Ce fut aussi l'occasion pour les participants de rencontrer des personnes venant d'autres lieux et d'échanger sur la vie de chacun. En juin, les personnes ont participé à une journée de formation sur la connaissance du Sénat et des institutions de la République, les étapes de construction d'une loi, les modalités pour être électeur, etc. Cette journée a également permis au groupe de désigner des représentants pour les trois thèmes choisis – logement, hébergement et accès aux droits –, et de s'exercer à la prise de parole en public.

Le pouvoir de la parole

La veille de la rencontre au Sénat, un temps convivial a été organisé afin que tous les participants puissent se rencontrer et coordonner les interventions. Un repas a ensuite été partagé, et les personnes venues de province ou n'ayant pas de solution pour la nuit ont été hébergées. Le jour J, l'émotion était palpable. Reçues sous les ors de la République, dans un cadre solennel et intimidant, les personnes ont su faire entendre leur plaidoyer. Après la lecture de la synthèse de la parole collective, certaines ont témoigné et échangé avec les dix sénateurs présents, qui les ont prises très au sérieux. Ainsi se sont rapprochés deux mondes qui n'ont pas l'occasion de se côtoyer, de s'entendre et de s'écouter. « Pour réussir, il suffit de considérer la personne comme experte ; elle sait mieux que toi, c'est sa vie », dit Thomas, l'un des organisateurs. « Beaucoup de gens sont surpris que des personnes en difficulté soient capables de s'exprimer, qu'elles aient des ressources, une vie... C'est pour cela qu'il faut donner de la visibilité aux personnes invisibles », complète Abdel, formateur.

« Maintenant toutes les semaines, je suis les débats à la télé, je dis aux gens : “C'est là que je suis allé !” », « Je ne pensais pas en être capable », « J'en retire une fierté », « J'ai dit à tout le monde autour de moi que j'étais allé au Sénat », « C'est un premier pas, faut pas en rester là », expliquent des personnes présentes au Sénat. Un temps d'évaluation et de réflexion sur les perspectives ouvertes par la rencontre a été organisé avec l'ensemble des participants (61 personnes accueillies et 28 encadrants, représentant 26 structures) au mois d'octobre 2014. Après avoir visionné le film réalisé sur l'expérience, ils en ont dressé un bilan très positif. Certains ont cependant regretté que leur situation personnelle n'ait pas évolué, notamment pour ceux qui sont en situation administrative irrégulière. Et si d'autres ont exprimé un regain d'intérêt pour la politique, peu s'inscriront sur les listes électorales ou iront voter.

Quelques mois plus tard, certaines personnes ont pris la parole à l'occasion des présentations régionales du rapport sur l'état du mal-logement, dont le premier chapitre a été enrichi par la synthèse de la réflexion collective et les témoignages des participants. À Tours, un sénateur a répondu à l'invitation des habitants d'une pension à venir échanger sur les difficultés liées au logement : pourquoi l'État ne fait-il pas appliquer la loi de réquisition de logements vacants, pourquoi n'y a-t-il pas davantage de pensions de famille, pourquoi dépense-t-on de l'argent public pour héberger des personnes sans domicile à l'hôtel au lieu de construire des logements, etc. ? Dans d'autres structures, les groupes constitués pour la rencontre au Sénat ont renforcé leur implication quotidienne : élection de représentants des personnes accueillies, exercice d'une activité bénévole dans la structure, création d'un atelier d'écriture, implication dans différentes réunions, dont celles du conseil consultatif régional des personnes accueillies et accompagnées qui promeut leur participation à l'élaboration, au suivi et à l'évaluation des politiques publiques. La rencontre au Sénat a également modifié la relation entre personnes accueillies et intervenants sociaux, par une meilleure compréhension des parcours de vie et des difficultés rencontrées, et la prise en compte des capacités des personnes.

De nouveaux horizons

Pour la Fondation, il est indispensable de redonner la parole aux sans-voix, aux personnes les plus exclues de notre société, et de construire avec elles de nouvelles réponses afin d'enrayer durablement la précarité. Trop souvent, en effet, le système d'accès au logement ou à l'hébergement se révèle, pour des personnes vulnérables, infantilisant et parfois inhumain. Les financements publics, insuffisants, sont fléchés vers des actions ponctuelles, précises et partielles, en laissant bien peu de place à la prise de parole politique ou à l'expression artistique de ceux qui sont qualifiés de « bénéficiaires ». Mais la question de la citoyenneté ne peut pas être abordée uniquement par l'organisation d'une telle rencontre. Elle est également liée aux autres formes de mobilisation des personnes, entreprises depuis plusieurs années au sein du réseau des Boutiques Solidarité et des pensions de famille, autour d'actions locales et d'événements nationaux fédérateurs, comme les Rencontres nationales du sport solidaire, « Une place à table », le festival gourmand de la bonne alimentation pour tous, ou la culture. Les animateurs du projet ont ainsi pu observer une réelle montée en compétence des personnes ayant participé à la rencontre au Sénat à l'occasion du festival « C'est pas du luxe ! », en septembre 2014, près d'Avignon. Elles y ont démontré une aisance dans la prise de parole en public.

Ce festival est né d'une réflexion sur la place des pratiques artistiques dans les lieux d'accueil. Organisé depuis 2013 par la Fondation Abbé Pierre, la scène nationale de Cavaillon et l'association Le Village, « C'est pas du luxe ! » revendique la culture comme un droit fondamental, une nécessité, une source de rencontres et de partages, une bouffée d'air pour susciter l'envie d'avancer. La culture permet à chacun de prendre conscience de sa valeur, d'être critique vis-à-vis du monde en général et de celui qui l'entoure, d'être acteur de sa vie, d'être citoyen. L'art permet aussi de transformer le regard que l'on porte sur les populations en difficulté. La troisième édition du festival, parrainé par Marie-Christine Barrault et Philippe Torreton, a eu lieu en septembre 2015 dans la ville d'Apt. Trois cents personnes en grande précarité ont présenté un spectacle, une exposition, une animation. Théâtre, cirque, danse, musique, poésie, cinéma, photographie, sculpture, arts de la rue : avec la création artistique chacun retrouve confiance, dignité, envie de se reconstruire et de se projeter.

11. Prévenir les expulsions

« On ne peut pas se défendre tout seul »

« Je vivais seul avec mon fils, j'étais en situation de surendettement, je payais un loyer de 1 400 euros avec des revenus de 2 000 euros. Je faisais l'autruche et je n'ouvrais plus mes courriers depuis des mois. Les impôts ont réalisé une saisie sur salaire, je me suis retrouvé avec des impayés de loyer. Un cycle infernal s'est enclenché, jusqu'au jour où j'ai reçu l'avis d'expulsion de mon logement. Un courrier m'a alors dirigé vers une assistante sociale, qui m'a orienté vers l'Espace Solidarité Habitat. Il a fallu tout reprendre à zéro, ouvrir les courriers, faire une demande de logement social car je ne pensais pas y avoir droit, déposer un dossier de surendettement auprès de la Banque de France. Jusqu'alors, j'étais démuni et mal informé. L'ESH m'a mis en relation avec une avocate qui m'a représenté lors de l'audience pour essayer de retarder l'expulsion. Le jugement a été prononcé et je suis toujours dans mon appartement. J'attends une proposition de logement social. » (Témoignage donné lors du colloque du 24 novembre 2015 sur l'accompagnement aux droits liés à l'habitat.)

Être informé pour ne pas subir

Consciente qu'il ne suffit pas qu'un droit soit ouvert pour qu'il soit effectif, l'agence Île-de-France de la Fondation Abbé Pierre soutient et défend à travers son Espace Solidarité Habitat, ouvert depuis novembre 2000 dans le XXe arrondissement parisien, les ménages menacés d'expulsion locative, logés en habitat indigne, en hôtel meublé ou encore victimes de discrimination dans l'accès au logement. L'accompagnement proposé est totalement gratuit et permet aux ménages les plus fragiles d'appréhender les mécanismes, souvent complexes, d'une procédure juridique, afin d'être en capacité de faire des choix quant à leur situation. Près de 4 500 nouveaux ménages ont bénéficié d'un conseil et/ou d'une orientation par l'Espace Solidarité Habitat en 2015 et environ 6 000 ménages à travers les 39 permanences associatives franciliennes d'accompagnement aux droits liés à l'habitat.

Au plan national, la plateforme téléphonique « Allô Prévention Expulsion » de la Fondation répond depuis 2009 aux appels du grand public, des travailleurs sociaux ou des associations sollicitant un appui face à une menace d'expulsion, notamment en cas d'impayés de loyer. Cette plateforme est assurée par des bénévoles, formés et accompagnés par la Confédération générale du logement. Leur mission consiste avant tout à écouter et comprendre la demande sans juger, à motiver le ménage à s'impliquer dans la résolution de ses difficultés en matière de logement, et à lui proposer un appui et une orientation adaptés. « J'essaye toujours de leur dire qu'ils peuvent faire quelque chose pour éviter l'expulsion, qu'ils peuvent être acteurs, explique une bénévole. C'est très important de ne pas subir. Il faut leur ouvrir des perspectives malgré tout. » Un premier bilan, effectué au bout de cinq ans, indique que 86 bénévoles ont répondu à plus de 10 600 ménages et les ont orientés vers 500 relais, structures publiques ou associations spécialisées, à Paris et en région. Pour consolider ces réponses, un réseau national de structures d'accompagnement aux droits liés à l'habitat a été constitué par la Fondation.

Une détresse croissante

« On ne sait pas tout de la misère, tant que la misère possède encore un domicile », écrivait Albert Londres (*Marseille, porte du Sud*, 1926, réédition Arléa, 1999). Familles monoparentales, personnes seules, ménages vivant en suroccupation, aux prises avec le surendettement et le chômage, etc., la précarisation de la population est renforcée par un décrochage accru entre le montant des loyers et des charges locatives et les ressources des ménages, dans le parc privé comme dans le parc social. En 2014, près de 176 000 ménages ont été assignés en justice et 132 000 décisions d'expulsion ont été prononcées. Certains restent dans leur logement tout en étant « sans droit ni titre », puisque leur bail est résilié par le jugement prononcé à leur encontre, et sont donc expulsables à tout moment. D'autres anticipent leur expulsion en partant d'eux-mêmes, ou sous la pression du propriétaire ou de l'huissier. La hausse régulière des expulsions effectives avec intervention des forces de l'ordre entre 2001 et 2014 traduit un durcissement très net : elles ont augmenté de 83 % en treize ans, pour atteindre le chiffre de 11 600.

Quel que soit le cas de figure, ce qu'il advient de ces ménages reste aujourd'hui largement méconnu d'un point de vue statistique. Les solutions d'hébergement ou de logement après expulsion sont rares, ce qui conduit beaucoup de familles expulsées à être accueillies dans la famille, chez des amis, ou à se retrouver dans la rue. L'enjeu de la lutte contre les expulsions est donc d'intervenir en amont, dès les premiers impayés de loyer, avant la saisine du juge. Les ménages concernés contactent en effet bien souvent les associations susceptibles de les aider lorsque la procédure d'expulsion est à un stade avancé. Les démarches amiables que peuvent réaliser les associations sont alors plus difficilement mobilisables, et le mode d'action est presque exclusivement contentieux. De leur côté, les commissions de coordination des actions de prévention des expulsions, dont l'instauration a été rendue obligatoire par la loi de mobilisation pour le logement et la lutte contre l'exclusion du 25 mars 2009, ont un impact très variable d'un territoire à l'autre en fonction de la capacité de mobilisation et de coordination des acteurs (État, conseils départementaux, caisses d'allocations familiales, magistrats, huissiers de justice, Banque de France, bailleurs sociaux, associations, etc.) dans la procédure d'expulsion et le relogement des personnes menacées d'expulsion. Une étude publiée en 2012 par l'Agence nationale pour l'information sur le logement (Anil) montre la diversité des pratiques : circonstances permettant la saisine de la commission, nombre de dossiers traités, présence effective des partenaires aux réunions, etc. Globalement, la politique nationale reste lacunaire et incohérente.

Maintenir coûte moins cher qu'expulser

Des estimations réalisées en Autriche et en Allemagne indiquent que 1 euro dépensé en prévention des expulsions (incluant le conseil et la résolution des arriérés de loyer) permettrait d'économiser 7 euros de dépenses d'hébergement et d'insertion sociale (ces chiffres et ceux qui suivent sont extraits de P. Kenna *et al.*, « Pilot project. Promoting protection of the right to housing. Homelessness prevention in the context of evictions », 2016). Par exemple, la commune allemande de Bielefeld a amélioré son système de prévention entre 2004 et 2008, ce qui a permis de réduire les places d'hébergement dédiées. La commune dit avoir ainsi économisé 1,6 million d'euros sur son budget, comparé à l'année 2004. À Vienne, en Autriche, le dispositif Fawos (*Fachstelle für Wohnungssicherung*), que l'on peut traduire par « service spécialisé dans la garantie du logement », a été mis en place en 2002 par une association en partenariat avec la municipalité. Il concerne les locataires menacés d'expulsion ou ne pouvant payer leur loyer. Les tribunaux doivent informer la municipalité et Fawos des mesures d'expulsion, puis Fawos contacte les ménages ; 30 % d'entre eux se saisissent de l'offre qui leur est proposée : accompagnement par des travailleurs sociaux, information sur le droit du logement, aide budgétaire, médiation avec le propriétaire, mise en relation avec les organismes sociaux, etc. Les trois quarts des ménages ayant ainsi répondu à la sollicitation de Fawos en temps et en heure (ils étaient 2 500 en 2012) ont pu trouver une solution : apurement des dettes de loyer, baisse négociée du loyer, obtention d'aides financières, etc.

Le coût du relogement après expulsion est estimé en Autriche à 600 euros par mois et par personne, avec une durée moyenne de douze mois, soit 7 200 euros. La prévention coûte quant à elle 600 euros par personne, soit douze fois moins... Il est possible que le relogement nécessite davantage d'implication et de démarches des accompagnants que le maintien dans les lieux, et que la prévention mise en œuvre n'évite pas toujours *in fine* l'expulsion... Mais l'écart est tel qu'il invite à réfléchir. Persuadée de l'efficacité de cette politique, la ville de Vienne a confié à Fawos la mission d'accompagner pendant six à neuf mois, avec maintien dans les lieux, les jeunes de moins de 27 ans menacés d'expulsion, le temps de renforcer leurs capacités d'autonomie.

Aux Pays-Bas, une étude récente a conclu que 1 euro investi dans la prévention des expulsions auprès des ménages en « risque sérieux » permettrait d'économiser 2,20 euros de dépenses en services aux sans-abri, sans tenir compte des coûts de justice et de procédure d'exécution, qui peuvent être élevés au vu du nombre d'acteurs et d'institutions en cause. Les éléments disponibles poussent donc à accentuer la prévention des expulsions, ne serait-ce que parce qu'elle sert à la fois la dignité des personnes et la rationalité budgétaire, même si des recherches plus complètes sont encore à mener pour évaluer l'efficacité et le rapport coût-bénéfice des politiques alternatives à l'expulsion.

12. Se réapproprier les quartiers populaires

Être logé ne suffit pas

Dalia a 58 ans, des enfants, des petits enfants. Habitante d'une cité du 15e arrondissement de Marseille, elle s'est impliquée dans un projet porté par la compagnie La Criatura, *Nous sommes toutes des reines*. Il s'agit d'une pièce de théâtre écrite par des femmes, qui leur propose de travailler sur la prise de conscience de soi, de s'alléger du poids qui les empêche parfois de s'évader et les cantonne dans leur rôle de mère, fille ou épouse. « C'est une façon de s'exprimer qui me plaît. Avec cette pièce, en plus, il y a l'écriture. Écrire et être ensuite sur scène, avec le côté vivant, cela me permet d'être tout à fait autre. Avoir la possibilité de surprendre les autres et de se surprendre soi-même, c'est vraiment fantastique ! Dans *Nous sommes toutes des reines*, j'incarne un personnage séducteur, avec décolleté et bas résille... Je me revois quand j'étais jeune et je sors de l'image de "mamie" que l'on a de moi dans le quartier... Je prouve que je ne suis pas vieille et que je suis toujours une femme ! »

Yasmina vit aussi dans les quartiers nord de Marseille. Beaucoup plus jeune que Dalia, elle participe également à cette aventure théâtrale. Elle est arrivée en France avec une image idyllique vite remplacée par la réalité quotidienne du racisme, de la violence urbaine. « Le théâtre, c'est une grande porte pour respirer ; c'est une solution pour mieux vivre. On peut tout y exprimer : le racisme, la violence, les injustices, les problèmes personnels. J'écris de la poésie pour dire tout cela et je place dans les mots tous mes sentiments. C'est ce que j'ai fait dans *Nous sommes toutes des reines* : j'ai écrit mon personnage, celui de la femme clown mais un clown triste. Cela vaut le coup d'être une femme même si l'on a des soucis, même si c'est dur. La femme entraîne derrière elle beaucoup de monde, enfants, mari, proches... Le clown triste connaît aussi beaucoup de joies. »

Des raisons de vivre

Depuis 2014, l'association La Criatura développe la création et la diffusion de spectacles vivants dans les quartiers populaires de Marseille, avec la participation active des habitants. *Nous sommes toutes des reines* a été préparée par une vingtaine de femmes âgées de 35 à 70 ans lors d'ateliers hebdomadaires d'écriture et de théâtre, organisés à partir d'octobre 2014. La représentation finale a été donnée en juin 2015 sur la scène nationale du Théâtre du Merlan, avant une tournée nationale envisagée à Paris, Toulouse et Lille. En attendant, la pièce sera jouée à Aix-en-Provence.

À Marseille, l'action s'est poursuivie durant l'année scolaire 2015-2016. En parallèle, La Criatura a préparé la création d'une pièce de théâtre contemporaine, *Le Cas Blanche-Neige*, du dramaturge britannique Howard Barker. Pour sa deuxième saison, le projet *Nous sommes toutes des reines* reposait sur des ateliers hebdomadaires (écriture, théâtre, cabaret) et des workshops mensuels avec les comédiens du *Cas Blanche-Neige*, qui abordaient les thèmes centraux de la pièce : la figure du féminin, sa place, son rôle et ses représentations dans la société ; les relations intergénérationnelles, la transmission ; la sexualité. « Ces ateliers permettent aux femmes d'explorer et de jouer avec leur propre vision du cabaret et plus spécifiquement du music-hall, avec ce que cela implique comme travail et réflexion sur le corps, la féminité, précise Carole Errante, la directrice artistique. Il s'agit de savoir comment se réapproprier la maison qui est notre corps. »

De nouveaux groupes sont venus rejoindre les femmes des quartiers nord : des femmes habitant le Panier, un quartier populaire du centre-ville, des étudiants aixois et de jeunes travailleurs marseillais, en partenariat avec d'autres associations et troupes théâtrales.

Depuis sa création, la Fondation Abbé Pierre soutient des actions de promotion des habitants dans les quartiers populaires. Projets culturels et artistiques conçus avec la participation de personnes en grande précarité (écriture, théâtre, exposition, etc.), actions sociales et solidaires (éducation, formation, cadre de vie, etc.) ou de sensibilisation du grand public ont pour objectifs communs de réduire les conséquences sociales du mal-logement et de permettre aux habitants d'agir sur leur vie. « Nous avons autant besoin de raisons de vivre que de quoi vivre », disait l'abbé Pierre. L'accompagnement des habitants vise aussi à redonner de l'espoir aux personnes et à leur permettre d'évoluer positivement en valorisant leurs compétences, leurs parcours.

Changer les regards pour peser dans le débat public

À Avignon, le projet « Ligne 14 » doit son nom au trajet de la ligne de bus n° 14, qui traverse tous les quartiers en difficulté et d'autres plus résidentiels. Porté par l'association Mises en scène, ce projet comprend une grande variété d'interventions en lien avec la population dans des lieux coupés de la culture, avec des ateliers de parole et de pratique artistique, des résidences itinérantes d'artistes, des conférences et des spectacles. L'idée est venue d'un constat : la ligne 14 est peu fréquentée. « Cette faible fréquentation d'une ligne de bus traversant des quartiers composés de groupes socialement ou culturellement différents nous semble un indicateur du peu de mobilité de la population, disent les animateurs de l'action. [...]. Comment la culture et l'art peuvent-ils aider à cimenter une collectivité qui a tendance à s'organiser autour de communautés repliées sur elles-mêmes ? » En région parisienne aussi, la Fondation a financé des ateliers théâtre et des radios de quartier. À Trappes, dans les Yvelines, ces actions ont vu émerger le comédien Jamel Debbouze, qui aujourd'hui soutient la Fondation.

Dans d'autres quartiers, comme à Grenoble ou à Roubaix, la création de collectifs ou d'associations témoigne de la volonté des habitants de s'impliquer personnellement et collectivement face aux enjeux de la rénovation urbaine, aux problèmes de logement ou de vie quotidienne. Si tous les observateurs notent un affaiblissement des solidarités locales, il existe aussi dans le même temps des initiatives alternatives telles que des mobilisations citoyennes, des regroupements d'habitants autour d'une concertation pour ne pas se laisser imposer des programmes de démolition et d'expulsion. Le blog « Croisonslefaire » est animé et alimenté par les porteurs de projets soutenus par la Fondation Abbé Pierre. Il s'agit à la fois d'une vitrine, pour valoriser ces initiatives locales, d'un lieu d'échanges, pour mutualiser les savoirs et les compétences, et d'un centre de ressources pour partager des outils (tutoriels, appels à projets, etc.) au service de la capacité d'agir des personnes dans leur environnement quotidien. L'internaute peut notamment y découvrir en photos « les reines » de Marseille, et y lire les comptes rendus des journées annuelles « Mal-logés, acteurs de leur devenir », colloque qui présente les effets d'actions mises en œuvre par des habitants des quartiers populaires à partir de leurs besoins.

Quand les consommateurs des grands ensembles s'organisent

Parmi ces dernières, « Vers un réseau d'achat en commun » (Vrac) propose une alternative en matière de consommation. Les ménages pauvres ont tendance à restreindre leur budget alimentaire pour payer leur loyer et les autres dépenses contraintes. « L'idée est née en 2013 d'un constat : quand on n'a pas beaucoup d'argent, on consomme ce qu'il y a de moins cher, au détriment de la qualité et de la santé. Vrac a pour but de réduire les inégalités en matière de consommation », précise Boris Tavernier, à l'initiative du projet. Vrac monte des groupements d'achats en favorisant la coopération entre les habitants des quartiers populaires de la banlieue lyonnaise, à Vaulx-en-Velin, Villeurbanne et Vénissieux. Ces groupements permettent d'accéder à des produits de consommation courante plus attractifs, suppriment les intermédiaires grâce à des circuits courts et contribuent ainsi à augmenter le pouvoir d'achat des ménages.

Avec l'achat coopératif, la promiscuité des grands ensembles est transformée en outil commun pour une meilleure qualité de vie. Les habitants s'organisent entre eux afin d'avoir le choix et d'être moins dépendants de l'offre commerciale existante. Vrac suscite des dynamiques locales pour faire face à la précarité et propose un autre rapport à la consommation, à la santé et à l'image de soi. Les produits achetés en gros sont choisis en fonction de leur provenance, de leur processus de fabrication. Les produits d'épicerie (huile d'olive, chocolat, café, fromage, farine, miel) sont issus d'une agriculture paysanne et/ou biologique. Les produits manufacturés (produits d'entretien et d'hygiène, fournitures scolaires) proviennent d'entreprises qui privilégient le respect de l'environnement. La vie se change aussi au quotidien...

13. Lutter contre l'habitat indigne et la précarité énergétique

Traiter le bâti pour le bien-être des occupants

En centre-ville d'Amiens, Saint-Leu est un ancien quartier populaire et artisanal constitué d'un dédale de ruelles et de canaux qui mènent à la Somme et aux jardins potagers flottants des hortillonnages. Les étudiants et les touristes en ont fait leur quartier de prédilection. Le processus désormais classique de « gentrification », ou embourgeoisement des centres anciens, y est à l'œuvre. Mais, malgré les rénovations entreprises et les façades colorées, il reste parmi les vieilles maisons basses et étroites à colombages des logements insalubres habités souvent par des personnes âgées aux ressources limitées.

Des murs en carton

M. et Mme Bernard, la soixantaine, résident depuis trente ans dans l'une de ces maisons, dont ils sont propriétaires. Ce couple sans enfant a l'intention d'ouvrir une brocante et stocke des produits de récupération dans son logement, qui n'est plus entretenu. Ils se chauffent avec un unique poêle à charbon, les murs sont isolés avec des cartons et les trous bouchés avec des couvertures... En outre, la santé de madame se détériore ; elle a de plus en plus de mal à se déplacer.

Une association d'aide ménagère alerte les services sociaux. En août 2012, devant l'insalubrité du logement et les risques qu'il présente pour la santé des occupants, le service communal d'hygiène rédige un rapport qui conduit la préfecture à donner au ménage un délai de trois mois avant la mise en route de « l'interdiction d'habiter » et un délai d'un an pour réaliser des travaux. La précarité économique et sociale du couple ne lui permet pas de faire face seul à ce besoin. L'accompagnement des occupants et la réhabilitation du logement sont donc confiés par la commission locale de lutte contre l'habitat indigne à l'association Aprémis, spécialisée dans les situations de mal-logement.

Au cours des années, M. et Mme Bernard ont entassé près de sept tonnes d'objets hétéroclites. Pour désencombrer la maison, opération pour laquelle il n'existe aucun financement public, quinze tournées en camion plateau dans les différentes déchetteries de la ville sont nécessaires. Le démontage, plus délicat et dangereux, exige la sécurisation de l'accès au chantier et du réseau électrique hasardeux. Cette « mise à nu » du logement permet d'accéder à sa structure pour en évaluer l'état et de chiffrer le projet de travaux. L'association découvre une maison saine sur des parties et dégradée sur d'autres, avec des problèmes importants d'humidité, de fissures sur les murs mitoyens et une démolition partielle à prévoir avant reconstruction.

Le bail à réhabilitation

Le montant du chantier excédant les possibilités financières du ménage, Aprémis lui propose de signer un bail à réhabilitation. Cette formule permet aux propriétaires privés qui ne peuvent plus assurer les frais d'entretien ou de réfection de leur bien immobilier de contractualiser avec un organisme de logement social, une collectivité locale ou une association agréée, qui devient maître d'ouvrage du projet. L'organisme s'engage alors à réaliser dans un délai déterminé les travaux d'amélioration nécessaires et à conclure avec l'État une convention ouvrant droit à l'aide personnalisée au logement. Pendant la durée du bail à réhabilitation, qui est au moins de douze ans, le propriétaire devient locataire de son logement. En fin de bail, il récupère son bien en bénéficiant des améliorations apportées, pour lui ou pour ses ayants droit, c'est-à-dire ses héritiers.

Pendant la durée des travaux, M. et Mme Bernard sont relogés dans un logement social, dont le coût est réduit grâce à une aide versée par la caisse d'allocations familiales, et s'impliquent dans le suivi du chantier. Élaboré en concertation avec le couple, le projet a pour premier objectif de lui permettre d'habiter dans de bonnes conditions le rez-de-chaussée (chambre, séjour, salle de bains adaptée au handicap, cuisine). L'étage est également réhabilité pour créer une seconde chambre et un espace de rangement sous les combles susceptible d'être transformé ultérieurement en chambre si le logement est amené à être habité par un ménage avec enfants.

Après plus d'un an et demi de travaux, le couple retrouve son domicile, entièrement refait à neuf : toiture, doublage thermique des murs, chaudière à gaz à condensation, ventilation, nouvelles ouvertures, électricité, etc. Il est désormais locataire et paye un loyer très social, grâce au bail à réhabilitation qui amortit le coût des travaux sur vingt-trois ans et permet de financer des travaux qui, pour des ménages en difficulté, ne seraient pas suffisamment pris en charge par des programmes comme « Habiter mieux » de l'Agence nationale de l'habitat (Anah).

Accompagner dans la durée les personnes fragiles

Comme M. et Mme Bernard, plus de 2 millions de personnes vivent en France dans des logements inconfortables exigus, sans eau, sans WC, sans chauffage, etc. Plus de 600 000 d'entre eux sont considérés comme indignes. La loi de mobilisation pour le logement et la lutte contre l'exclusion du 25 mars 2009 définit comme habitat indigne « les locaux ou installations utilisés aux fins d'habitation et impropres par nature à cet usage, ainsi que les logements dont l'état, ou celui du bâtiment dans lequel ils sont situés, expose les occupants à des risques manifestes pouvant porter atteinte à leur sécurité physique ou à leur santé ».

Lancé par la Fondation Abbé Pierre en 2007, le programme « SOS Taudis » a permis durant ses cinq premières années l'accompagnement de plus de 1 600 ménages confrontés à des conditions de vie indignes. Cet accompagnement global et durable (à la fois social, technique, juridique et financier) est indispensable afin d'agir « pour » mais aussi « avec » les ménages fragiles, qu'ils soient locataires ou propriétaires. Au-delà de leurs problèmes de logement, 75 % d'entre eux font face à de lourdes difficultés : exclusion et grande précarité, mauvaise santé physique et mentale, isolement, fragilité psychologique, « problèmes d'occupation » (hygiène, entassement, etc.). Leurs situations sont d'une grande diversité, ainsi que l'a montré l'évaluation du programme réalisée en 2011.

Les propriétaires occupants « ancrés » dans des situations anciennes s'étant dégradées peu à peu sont le plus souvent des personnes âgées qui vivent en milieu rural dans des logements qui ne sont pas aux normes. Les ménages accédant à la propriété en situation d'échec sont souvent des couples relativement jeunes qui ont sous-estimé le coût et l'ambition de leur projet de construire ou d'acheter une maison à rénover. Ils se retrouvent alors contraints de vivre dans un logement inconfortable qui continue à se dégrader. Les locataires victimes de propriétaires bailleurs indélicats, cas emblématique pour lequel a été initialement pensé « SOS Taudis », sont des ménages vulnérables qui, sans autre alternative, louent un logement dégradé ou insalubre. Certains propriétaires ignorent leurs obligations, ou ont peu d'argent, mais d'autres sont de mauvaise foi et cherchent à maximiser la rentabilité de leur logement, ou encore sont de véritables marchands de sommeil.

La catégorie des locataires « ancrés » regroupe des situations locatives détériorées et conflictuelles qui durent parfois depuis longtemps : impayés, déficit d'entretien du propriétaire et de l'occupant, problème lié au mode d'occupation du locataire, etc. Enfin, l'habitat précaire regroupe des situations très diverses : des personnes dans l'impossibilité d'accéder à un autre logement ; des modes de vie « choisis » devenus « contraints », en cabane, caravane ; des travailleurs saisonniers logés dans des conditions sordides (anciens bâtiments agricoles, habitats de fortune, etc.).

« SOS Taudis » a permis de faire naître de belles réussites, mais aussi de pointer des difficultés majeures : l'absence de volonté politique sur certains territoires, la faiblesse du repérage des situations, la très grande précarité financière de certains propriétaires occupants, la difficulté des ménages d'accéder à leurs droits, l'exigence faite aux intervenants de terrain de maîtriser un ensemble de compétences multiples et complexes. Afin d'intervenir sur ces obstacles, la Fondation a poursuivi le programme en lui donnant comme priorités le soutien aux propriétaires occupants les plus en difficulté (travaux de sortie d'insalubrité, d'amélioration de l'habitat, de lutte contre la précarité énergétique), le financement d'actions portant sur l'accès aux droits et de formations juridiques, la proposition d'une « boîte à outils » pour développer les ressources des intervenants. La Fondation s'est donné comme principe de ne pas cofinancer des dispositifs publics, tels que les opérations programmées d'amélioration de l'habitat bénéficiant des aides de l'Agence nationale de l'habitat. Elle privilégie le soutien à des actions expérimentales, visant à traiter des situations et des problèmes qui sont peu, voire pas, pris en considération par les pouvoirs publics.

14. Restaurer avec leurs habitants les copropriétés dégradées

Redynamiser et accompagner

« J'ai 12 000 euros de travaux à payer, j'ai trois enfants et je gagne 800 euros. Comment je vais faire ? Je vais me suicider ? Cet appartement que j'ai acheté, il a foutu ma vie en l'air. » Dans les copropriétés dégradées, nombre de propriétaires se retrouvent prisonniers de leur logement, qu'ils n'ont pas fini de payer s'ils sont accédants, ou qu'ils ne peuvent revendre à un prix suffisant pour s'établir ailleurs. Parmi eux, beaucoup n'ont pas la connaissance des responsabilités inhérentes au statut de copropriétaires, et davantage encore sont victimes de syndics défaillants. « Le syndic ne fait rien ! Il ne contrôle rien ! » Ces propos, tenus par des habitants lors du colloque « Écoutez-nous ! Ici, on vit », organisé par la Fondation Abbé Pierre en juin 2013, oscillent entre le désespoir et la révolte.

La situation de ce parc immobilier à la dérive est méconnue, excepté quand des paquebots comme Le Chêne Pointu à Clichy-sous-Bois, Le Petit Bard à Montpellier, Bellevue ou Kalliste à Marseille s'échouent dans les pages faits-divers... Au-delà de ces grands ensembles, 15 % environ des copropriétés seraient en difficulté, un phénomène urbain particulièrement accentué dans les zones géographiques où le logement social fait défaut. L'Agence nationale de l'habitat estime que plus d'un million de logements sont concernés par le cumul de difficultés techniques, financières et sociales : la dégradation du bâti, des parties communes et des espaces verts, pouvant aller jusqu'à des situations d'insalubrité ; des impayés de charges qui alourdissent l'endettement de la copropriété et réduisent, sinon empêchent, la réalisation des travaux nécessaires ; la paupérisation des habitants, propriétaires occupants aux revenus modestes, ménages trop pauvres pour accéder au logement social, locataires victimes de propriétaires peu scrupuleux pour ne pas dire de marchands de sommeil et qui, tous, subissent des conditions d'habitat médiocres qui rejaillissent inévitablement sur l'estime de soi.

Les habitants, experts d'usage

Les réponses apportées aux copropriétés dégradées ont d'abord été le fait de techniciens, administrateurs judiciaires, gestionnaires, entreprises de travaux, fournisseurs de services et d'énergie, bureaux d'études chargés des opérations programmées d'amélioration de l'habitat ou des plans de sauvegarde, etc. ; l'arsenal juridique a été considérablement renforcé par la loi en 2014. La dimension sociale a, quant à elle, surtout été traitée sous l'angle du relogement, quand il était possible, plus rarement dans un objectif de redynamisation des copropriétés et d'accompagnement des ménages dans la recherche de *leurs* solutions. En clôture du colloque, Aminata Koné, vice-présidente de la Fondation Abbé Pierre, déclarait ainsi : « Locataires et propriétaires ont démontré leur expertise aujourd'hui, leurs compétences, leur capacité à agir. Car il n'y a pas plus expert que celui qui utilise ! Vous habitez un quartier, vous le connaissez. Vous êtes légitimes parce que vous êtes habitants. »

Derrière cette déclaration, il y a une approche qui consiste à affirmer que les habitants ne sont pas qu'une « donnée du problème », en tant que responsables d'une gestion collective défaillante, ni que des victimes qui paient cher pour vivre dans un ensemble immobilier dégradé dont la valeur s'est dépréciée. Ils sont aussi une ressource à prendre en compte. De même que la copropriété renvoie à la fois à une propriété privée (celle du logement) et à une propriété collective (celle des parties communes), la résolution des problèmes suppose des initiatives individuelles et collectives.

L'expérience des syndics de redressement est à ce titre intéressante. Soutenue par la Fondation de France et par la Fondation Abbé Pierre, l'association Relais Habitat s'est engagée il y a quelques années aux côtés de la ville de Saint-Denis dans une expérimentation visant à redresser quatre petites copropriétés dégradées. L'originalité de la démarche est de privilégier une approche sociale de proximité et une gestion adaptée aux situations des personnes plutôt qu'une approche technique. Pour cela, un diagnostic établi en amont des interventions permet une analyse approfondie du profil socio-économique des occupants afin de proposer une assistance aux démarches administratives, une aide à la solvabilité concernant les dettes de charges courantes et de travaux, un soutien aux personnes mal logées, une médiation avec les personnes vivant en squat et les marchands de sommeil. Ce modèle de gestion immobilière atypique implique aussi les propriétaires dans une coconstruction des outils de gestion par le biais d'ateliers de formation, afin d'inverser durablement les rapports de force avec les syndics classiques, qui se contentent de gérer le syndicat de copropriétaires.

Autre exemple, la société coopérative Coprocoop Île-de-France exerce le portage provisoire et « homéopathique » de logements en copropriétés dégradées, faisant l'objet d'une convention d'opération programmée d'amélioration ou d'un arrêté de plan de sauvegarde destiné à résoudre les problèmes techniques et financiers rencontrés par la copropriété. Coprocoop achète quelques logements auprès des propriétaires les plus endettés, dans une perspective de propriété temporaire, avant de les revendre à des acquéreurs solvables pour rééquilibrer le marché et, en parallèle, accompagne les ménages concernés qui sont relogés par un bailleur social.

Se maintenir dans les lieux

Dans plusieurs quartiers de Marseille, des actions d'auto-réhabilitation accompagnée sont menées en copropriétés dégradées par les Compagnons Bâtisseurs de Provence, un mouvement associatif qui intervient depuis soixante ans pour l'amélioration de l'habitat au travers de chantiers destinés à aider des habitants en difficulté dans la résolution de leurs problèmes de logement, par sa rénovation ou sa construction. Le travail conduit sur six copropriétés dégradées, dont Bellevue et Kalliste, intègre plusieurs actions dans le cadre d'un dispositif visant la responsabilisation des ménages. La première étape consiste en la réalisation d'un diagnostic technique et social. Cette visite s'effectue avec le référent social de la famille et permet de présenter l'action et les principes d'intervention des Compagnons Bâtisseurs aux habitants, de qualifier l'état du logement, de clarifier la demande de la famille et de préciser la proposition d'accompagnement. Selon les résultats de ce diagnostic, l'étape suivante peut être une médiation avec le bailleur, si le ménage est locataire et que les travaux envisagés relèvent des obligations du bailleur ; une assistance à maîtrise d'ouvrage, si le ménage est propriétaire, pour l'aider à monter le projet de travaux et à en trouver le financement ; un accompagnement à l'entretien locatif pour apprendre aux occupants à réaliser de petits travaux ; un appui dans la résolution des problèmes de précarité énergétique pour améliorer l'isolation, la ventilation et le chauffage des logements et réduire les factures d'énergie.

En parallèle, sur le territoire de chaque copropriété, des instances partenariales collégiales sont mises en place. Ces comités techniques de suivi de l'habitat regroupent les opérateurs (associations d'insertion, centre social, etc.) et les acteurs institutionnels (caisse d'allocations familiales, bailleurs sociaux ayant racheté des logements à des copropriétaires, municipalité, service communal d'hygiène et de sécurité, intervenants du contrat urbain de cohésion sociale, etc.). Lors de leurs réunions, ils examinent la situation de chaque ménage et recherchent des solutions spécifiques aux problématiques rencontrées, dans le respect de la confidentialité des informations personnelles.

La dimension collective du projet favorise une dynamique entre propriétaires et locataires, développe l'entraide, les solidarités de voisinage et familiales et la création de lien social. Au-delà du chantier, dont certaines phases peuvent être réalisées à plusieurs familles, des thèmes relatifs au logement sont abordés en groupe : maîtrise de l'énergie, réfection de mobilier récupéré, aménagement de l'espace, droits et devoirs des locataires, etc. La participation active des occupants à la résolution de leurs problèmes contribue à améliorer l'habitat de manière pérenne par une meilleure appropriation du logement et l'acquisition de ressources rendant durable la rénovation entreprise. Dans un contexte marqué par la pénurie de logements accessibles, ce type d'action favorise le maintien des occupants dans les lieux, dans des conditions dignes. Cela remobilise aussi les ménages dans leur parcours d'insertion en levant le frein du mal-logement, en rompant l'isolement par la participation à une action de solidarité collective, et en rétablissant le lien avec les institutions et structures du quartier.

15. Réhabiliter soi-même son logement

Apprendre à (se) reconstruire

Le souffle de l'hélicoptère fait envoler les feuilles sèches de latanier et couche l'herbe haute qui entoure le petit champ d'ananas. Le treuil déroule son câble ; le filet chargé de matériaux vient se poser en douceur. Les hommes déchargent tôles, rouleaux d'isolant, sacs de ciment... Au cœur de l'île de La Réunion, le cirque de Mafate est complètement isolé. Plusieurs heures de marche sont nécessaires pour en rejoindre la dizaine d'îlets. Chacun de ces villages dispose d'une piste d'atterrissage depuis que le ravitaillement des habitants, la distribution du courrier et l'acheminement des soins et des secours sont effectués principalement par hélicoptère. Hors de ces visites aériennes et du passage de randonneurs, les îlets vivent en vase clos. Les enfants fréquentent l'école primaire, les adultes jonglent entre petits boulots et allocations sociales. Les habitations – de simples cases pour la plupart – sont équipées de chauffe-eau solaires et de panneaux photovoltaïques pour produire l'électricité nécessaire au fonctionnement de petits appareils et à l'éclairage. À Mafate, l'agence régionale de la Fondation Abbé Pierre a financé à titre expérimental la réhabilitation des maisons de sept familles installées en altitude, dans une zone particulièrement difficile d'accès. Le chantier, encadré par les Compagnons Bâtisseurs, a duré près de deux ans durant lesquels les habitants ont participé au projet, selon les principes de l'autoréhabilitation accompagnée : faire avec et faire ensemble.

Bois sous tôle

À La Réunion, selon l'éclairage régional réalisé en 2013 par la Fondation pour présenter son rapport sur l'état du mal-logement, près d'un ménage sur dix vit dans un habitat indigne, soit plus de 60 000 personnes. L'habitat traditionnel, en dur ou en « bois sous tôle », souvent autoconstruit, représente encore près de 14 % du parc de logements réunionnais. Si certaines de ces cases ont bénéficié de travaux pour en améliorer le confort, d'autres sont très délabrées, comme sur les pentes de l'ouest de l'île. Le Territoire de la Côte Ouest regroupe les cinq communes de La Possession, Le Port, Les Trois-Bassins, Saint-Paul et Saint-Leu. Dans le cadre du plan intercommunal de lutte contre l'habitat indigne, la Fondation et les Compagnons Bâtisseurs ont lancé en 2015 un programme d'autoréhabilitation accompagnée qui s'étendra jusqu'en 2018. L'objectif est de réaliser 30 chantiers par an, soit 90 sur trois ans, par la mise en œuvre d'opérations groupées d'amélioration légère de l'habitat, un dispositif public spécifique aux départements d'outre-mer, cofinancé par l'État, la caisse d'allocations familiales, les collectivités locales et la Fondation.

Le programme s'adresse à des ménages en grande précarité « sans droit ni titre », c'est-à-dire ni locataires ni propriétaires, ayant le plus souvent construit leur habitation sans autorisation ou sur un terrain qui ne leur appartient pas ; ce type d'occupation, l'« habitat informel », ne les autorise pas à prétendre aux aides classiques à l'amélioration de l'habitat. L'autoréhabilitation accompagnée permet à ces personnes démunies de s'approprier et d'améliorer leur logement et leur cadre de vie à moindre prix, de prévenir les exclusions en dynamisant les bénéficiaires, et de favoriser l'entraide et les solidarités de voisinage. L'action mobilise des jeunes habitant les communes concernées, engagés comme volontaires du service civique, et des animateurs techniques, professionnels du second œuvre du bâtiment. Outre l'appui à la réalisation des travaux nécessaires pour rendre les habitations décentes (sanitaires, étanchéité de la toiture, électricité, adaptation du domicile à l'âge des occupants, etc.), l'accompagnement cherche à résoudre les problèmes économiques et sociaux rencontrés par les ménages. Cela peut concerner la régularisation du statut d'occupation, l'apurement des dettes, la souscription d'une assurance ou de contrats de fourniture d'énergie, les économies d'énergie ou l'entretien du logement.

Chanvre et chaux

Changement de décor. Sur les bords du Rhône, les grosses collines ont remplacé la montagne ; villes et bourgs se succèdent dans la plaine. Mais, dans les exploitations agricoles, l'isolement est toujours là. Dans les départements de la Drôme et de l'Ardèche, la Mutualité sociale agricole, organisme qui gère la protection sociale du monde agricole, expérimente depuis 2014 une intervention auprès d'une population qui cumule un problème d'habitat indigne, des ressources très instables et modestes, parfois inférieures aux minima sociaux, et des difficultés personnelles liées à la santé, à une séparation ou à une grande solitude. Ces exploitants agricoles se sont souvent résignés à vivre dans de mauvaises conditions d'habitat, parce qu'ils ont toujours connu cela et qu'ils ont peu de temps à accorder à l'entretien, aux travaux ou à des démarches. Nombre d'entre eux ne pourraient pas accéder financièrement à une autre résidence. Les habitations sont pour la plupart anciennes et dépourvues de confort : absence de sanitaires, d'isolation et de ventilation, huisseries non étanches, chauffage généralement au bois de coupe, parfois complété par un radiateur électrique ou à pétrole. La toiture et les murs sont souvent en très mauvais état, voire à l'état de ruines pour les plus dégradées.

L'intervention de la Mutualité sociale agricole a pour objectif d'améliorer l'habitat de ces exploitants en s'appuyant sur une démarche d'autoréhabilitation accompagnée, censée contribuer à la redynamisation des personnes et impulser des formes d'entraide par la mobilisation de bénévoles sur les chantiers. Les mêmes principes que ceux mis en œuvre à La Réunion président à cette démarche. La personne accompagnée participe très concrètement au projet ; elle s'implique physiquement et retrouve une prise sur son cadre de vie et son quotidien. Outre la fierté de faire par soi-même, la réalisation de travaux permet à la personne d'acquérir des savoir-faire qu'elle pourra continuer à développer (gestes, techniques, organisation de chantier, etc.). Enfin, l'autoréhabilitation permet de réduire le coût des travaux par le travail des bénéficiaires. Le projet en Drôme-Ardèche vise en outre à développer une filière « écomatériaux » (chaux, argile, bois, chanvre, paille, ouate de cellulose, granulat de verre, etc.) en circuits courts pour la rénovation de l'habitat, mais cela est rendu difficile par la faiblesse de l'offre locale et le coût plus élevé de ces matériaux comparativement à d'autres plus classiques.

Une démarche dynamique

En Aquitaine, dans la communauté d'agglomération du Libournais, les habitants des communes de Coutras et de Guîtres vivant en habitat indigne peuvent bénéficier d'une action d'amélioration de leur cadre de vie. Les ménages concernés, locataires ou propriétaires, disposent de faibles ressources et se trouvent souvent en rupture de relations avec leur bailleur, leurs voisins et les services sociaux. Il s'agit d'intervenir conjointement sur le mal-logement et sur le mal-être des habitants au regard de leur situation de précarité, afin de les replacer dans une dynamique positive d'amélioration de leurs conditions d'habitat tout en valorisant leur capacité « à faire », par eux-mêmes et avec le soutien d'autres personnes de leur entourage, des travaux plus ou moins complexes.

L'accompagnement soutenu par la Fondation privilégie une relation encourageante, valorisante, du fait de la progression et du résultat obtenu. La confiance créée par ce biais permet à la personne de formuler des demandes parfois plus intimes (santé, relations familiales, etc.) qui pourront être relayées auprès des professionnels du travail social, du soin ou de l'insertion professionnelle. Le projet (réfection des chambres des enfants, rénovation des équipements sanitaires et de cuisine pour une meilleure hygiène, etc.) est conçu à partir des souhaits et des besoins des ménages, qui sont mobilisés pour élaborer le plan de travaux, en calculer le coût et en rechercher le financement auprès de l'Agence nationale de l'habitat et des collectivités locales. Pour la réalisation proprement dite, les personnes accompagnées agissent en fonction de leurs compétences et de celles transmises par l'animateur technique. Elles apprennent ainsi des savoir-faire qu'elles seront en capacité de réutiliser de manière plus ou moins autonome, avec un soutien technique et la mise à disposition d'outillage.

Dans des villes en déprise du nord de l'Angleterre, des collectifs de *self-help housing* forment des personnes en difficulté à la rénovation de maisons abandonnées qu'elles occupent ensuite. L'idée est simple : acheter un logement vacant en mauvais état, l'attribuer à une personne sans domicile, qui va le restaurer avec l'aide de bénévoles, puis l'habiter, payer un faible loyer et l'entretenir. Simple, et innovante. Canopy, à Leeds, et Giroscope, à Hull, ont ainsi relogé plus de 360 personnes en vingt ans.

16. Choisir son logement social

Rendre le demandeur actif

« Paris 13e. Studio de 28 m^{2}, situé à deux pas du métro Tolbiac (ligne 7), au 6e étage avec ascenseur. Gardien, chauffage collectif au gaz. Loyer charges comprises : 389 € »... « Paris 19e. 2 pièces de 47 m^{2} avec balcon, au 6e étage avec ascenseur. Situé entre le canal de l'Ourcq et le parc de la Villette. Métro 5 (Ourcq) ou 7 (Crimée). Loyer charges comprises : 598 € »... « Paris 20e. 4 pièces de 89 m^{2} habitables avec une grande terrasse de 30 m^{2}, situé au 1er étage avec ascenseur. Chauffage individuel électrique. Gardien. Entre métro 11 (Télégraphe) et métro 3 bis (Saint-Fargeau). Loyer charges comprises : 1 183 €. » Quels propriétaires philanthropes ont publié ces petites annonces sur Internet ? Aucun, c'est la Ville de Paris qui propose des logements sociaux sur le site Loc'annonces.

La Ville de Paris attribue environ 4 500 logements sociaux par an à Paris et en Île-de-France, répartis en quatre catégories de loyers – A, B, C, D – en fonction des ressources des demandeurs. Depuis 2015, elle expérimente le nouveau service Loc'annonces qui permet aux ménages de postuler sur quelques centaines de logements sociaux par an. Dans un premier temps, il a été ouvert aux logements de catégorie C et D. La ville manifestait ainsi sa volonté de trouver des demandeurs appartenant à la classe moyenne, par un mode de communication en phase avec ces populations. Loc'annonces s'est depuis élargi aux autres catégories et propose des annonces chaque semaine. Sur le site, tous les demandeurs de logements sociaux peuvent voir les logements sur le point de se libérer (photos, descriptif, loyer, conditions d'accès, date limite pour postuler) et se positionner directement sur celui qui répond le mieux à leurs besoins. Après avoir vérifié qu'il satisfait aux conditions (composition familiale, niveau de ressources, demande de logement social valide), le demandeur crée un compte ou se connecte depuis l'annonce choisie. La Ville de Paris sélectionne ensuite les candidats en analysant leur dossier et utilise un dispositif de cotation pour les prioriser dans une logique d'équité.

L'usager au cœur du dispositif

Expérimentée en Grande-Bretagne, avant d'être reprise en France par quelques agglomérations pionnières puis inscrite de façon facultative dans la loi du 24 mars 2014 pour l'accès au logement et un urbanisme rénové (Alur), la « location choisie » (*choice-based letting*) place le demandeur au cœur de la démarche d'attribution des logements sociaux, à l'échelle du territoire intercommunal. En Grande-Bretagne, ce système a eu plusieurs effets positifs. Il a développé l'information des demandeurs sur les logements proposés à la location et les modalités de traitement de la demande, accru la transparence et l'équité des attributions, accéléré le délai de traitement et réduit la vacance.

À Paris, où la pression de la demande est extrêmement forte, les attributions de logements sociaux ont longtemps été soupçonnées de manque de transparence. Afin de rendre ces attributions plus lisibles, la Mairie de Paris a mis en place des commissions pluralistes de désignation des candidats aux logements sociaux. Élus et services techniques ont ensuite élaboré une série de vingt-cinq critères portant sur les conditions actuelles de logement (congé pour vente, procédure d'expulsion en cours, absence de domicile, nombre de personnes par rapport au nombre de pièces, dépenses consacrées au loyer, revenus restant pour vivre, etc.), les raisons de la demande (situation familiale, santé, etc.) et l'ancienneté de la demande de logement. Une grille de cotation, disponible en ligne pour que le demandeur puisse se situer, reprend ces vingt-cinq critères, pondérés avec un nombre de points selon les réponses fournies par le demandeur.

Pour chaque logement attribuable, les demandeurs sont classés selon leur nombre de points. Les dossiers en ayant le plus grand nombre sont retenus en priorité. Pour autant, les attributions de logement ne sont pas automatiques ; la cotation est ici un simple outil d'aide à la décision. Après vérification, les cinq premiers dossiers sont soumis à la commission de désignation de la mairie, qui en retient trois et les transmet au bailleur social. Le bailleur demande ensuite aux trois candidats de remplir un dossier plus précis qui sera examiné par sa commission d'attribution. Cette commission ajuste éventuellement le classement en fonction des éléments du dossier et attribue le logement au premier des trois demandeurs. Si le premier candidat refuse le logement, ce dernier est proposé au deuxième puis, à défaut d'accord, au troisième. En cas de refus de logement non justifié, le dossier peut être gelé pendant douze mois. Pour la Ville de Paris, cela contribue à la responsabilisation de l'usager.

Location choisie, ou location active ?

Si la loi Alur emploie les termes de « location choisie », en Isère, les bailleurs sociaux préfèrent parler de « location active » car, à la fin, le candidat ne choisit pas : la commission d'attribution conserve le pouvoir de décision. Mais le ménage postule ; il retient certaines offres, peut ainsi commencer à se projeter (taille du logement, localisation) et n'est plus passif. Le système classique d'attribution des logements sociaux réduit en effet souvent la « participation » des ménages au fait d'accepter ou de refuser l'offre qui leur est faite, au moment où elle est faite. Ces refus de HLM par les locataires sont souvent mal vécus par les acteurs institutionnels, alors qu'ils reflètent moins les « caprices » des habitants qu'ils ne sont le symptôme d'un système d'accès au logement très administré qui ne correspond pas toujours aux attentes des demandeurs. Donner la possibilité de choisir en amont, c'est reconnaître la capacité des personnes et la légitimité de leurs aspirations, les inviter à une recherche plus dynamique et ainsi diminuer les risques de refus de propositions.

Les six bailleurs sociaux de Grenoble et la mairie se sont réunis en juin 2011 pour former à l'échelle de la commune le pôle « habitat social » de Grenoble, auquel ils ont délégué l'information des demandeurs et l'enregistrement des demandes de logement social. L'attribution des logements reste cependant de la compétence de chaque bailleur. Le site Internet du pôle habitat social concrétise cette volonté d'accueillir et d'informer les demandeurs dans de meilleures conditions. Il comprend une vidéo de présentation du circuit de la demande, un test d'éligibilité et une cartographie des logements sociaux sur la métropole ; pour chaque commune, sont indiqués le nombre de logements sociaux par type (studio, deux pièces, etc.) et le nombre de logements attribués l'année précédente, ainsi que la situation des transports en commun et des établissements scolaires. L'objectif du pôle est de recevoir 50 % des demandeurs en entretien individuel afin de recueillir davantage d'informations sur les demandes. Cela représente 3 000 entretiens de trente à quarante minutes par an.

Ces pratiques de coopération ont trouvé dans la location active un prolongement logique. Le site du pôle renvoie aux sites des bailleurs grenoblois, qui présentent des offres de logements vacants. Pour l'un de ces bailleurs, Actis, la location active concerne plus d'un quart des attributions. Les attributaires passés par ce biais sont un peu plus jeunes que les autres demandeurs et leur dossier plus récent. En 2014, la page du site d'Actis consacrée aux offres de location a reçu 218 000 visites, soit 600 visites quotidiennes, chiffres à rapprocher du millier de logements attribués annuellement par le bailleur. L'expérience a été étendue au niveau départemental, par la mise en ligne d'offres avec des modalités proches de la formule parisienne. Le dispositif garantit un meilleur accès à l'offre disponible à un plus grand nombre de demandeurs, et attire de nouveaux profils de ménages qui ne déposent pas habituellement de demandes. À terme, tous les bailleurs sociaux de l'Isère proposeront de 10 à 30 % de leur parc sur Internet.

Le système de la cotation est également expérimenté en Isère selon des critères présents dans le formulaire officiel de demande de logement social. La pondération de ces critères a été élaborée en interne, avec les bailleurs et les intercommunalités, puis testée. Une délégation iséroise a rencontré à Paris le service de l'habitat et a modifié la grille de cotation en conséquence. À Rennes, le système de cotation existe depuis le milieu des années 1990. La grille comprend des critères communs à l'intercommunalité, qui pèsent pour 70 % dans la note finale : absence ou besoin urgent de logement, charge résiduelle, précarité du ménage, condition de ressources, ancienneté de la demande ; et des critères communaux, pour 30 % : éloignement entre le domicile et le lieu de travail, lien avec la commune, situation du ménage décrite dans le rapport social. Avec le recul lié à l'ancienneté du dispositif, ce système est jugé efficace et équitable par les acteurs rennais. Il assure une plus grande satisfaction de la demande, une certaine fluidité et une meilleure répartition des attributions sur le territoire. Le relogement des ménages prioritaires évite les recours au titre du droit au logement opposable (voir p. 55). Au final, la conjugaison de la location choisie et de la cotation renverse la logique habituelle des attributions, encadre les marges de manœuvre des institutions et redonne du choix aux habitants.

17. Encadrer les loyers à titre préventif

Parce que le marché du logement ne se régule pas de lui-même

« Dis-moi combien tu gagnes, je te dirai où tu peux habiter. » Cette plaisante maxime est extraite du très sérieux rapport remis au maire de Paris en novembre 2011, présentant les résultats de l'étude comparative sur les modalités de fixation des loyers dans plusieurs pays européens. Dans les zones tendues en matière de logement, comme Paris, la hausse des loyers contribue à l'absence de mixité sociale – voire à une ségrégation spatiale selon les niveaux de ressources des ménages. Certains sont contraints de quitter la capitale pour des communes de banlieue, plus abordables ; d'autres supportent un taux d'effort (rapport entre le montant du loyer et les revenus) très lourd qui peut les conduire à des impayés de loyer et au risque d'expulsion ; d'autres encore louent des surfaces trop petites par rapport à la composition familiale. « Les très fortes augmentations de loyer constatées depuis de nombreuses années à Paris rendent compliqué l'accès des jeunes et d'une part importante des familles dans le parc locatif privé », écrit Bertrand Delanoë, alors maire de Paris, dans la lettre confiant cette étude à René Dutrey, alors président de la commission « Urbanisme, Logement et Paris Métropole » du conseil municipal. L'objectif de la mission est d'évaluer les possibilités de mettre un frein à la hausse des loyers du secteur privé, de plus en plus déconnectés des niveaux de salaire d'une majorité de la population, et de proposer une régulation adaptée au marché locatif parisien, en s'inspirant des bonnes pratiques des pays voisins.

Le miroir des loyers

En Allemagne, le parc de logement social est peu développé ; il représente à peine 10 % du parc total. Les Allemands étant moins nombreux que les autres Européens à être propriétaires de leur logement, le parc locatif privé constitue donc une offre conséquente, d'environ 48 %, soit près d'un logement sur deux. Les baux locatifs ont une durée indéterminée et le propriétaire ne peut y mettre fin pour vendre son logement ; la seule possibilité de donner congé au locataire est la reprise pour occupation par le propriétaire. L'augmentation du loyer en cours de bail est limitée à 20 % étalés sur une période de trois ans, sauf si le propriétaire réalise d'importants travaux d'amélioration, notamment de la performance énergétique.

Les loyers du secteur privé sont fixés librement, pour une première location comme pour une relocation. Cependant, si le locataire estime que le loyer est supérieur de 20 % aux loyers pratiqués pour des logements équivalents, il peut demander au juge de le baisser. Si le juge lui donne raison, le loyer est abaissé et ce nouveau montant se substitue à celui qui figurait dans le bail. Si le locataire s'adresse à la justice en cours de bail, il peut récupérer le trop-versé sur les trois dernières années au maximum. Pour asseoir sa décision, le juge peut demander une expertise ou, dans les communes qui en sont dotées, parmi lesquelles Bonn, Berlin, Hambourg, Cologne, Munich ou Leipzig, se référer aux niveaux de loyer observés par le *Mietspiegel*, terme que l'on peut traduire par « miroir des loyers », au sens d'observatoire.

Le miroir des loyers recense les prix pratiqués, hors charges, dans la commune ou l'agglomération en tenant compte de la valeur d'usage du logement, définie par des critères objectifs comme la superficie du logement, sa date de construction, son niveau d'équipement et de confort (sanitaires, électricité, matériaux intérieurs, etc.), et des critères plus subjectifs comme celui de la qualité du quartier d'implantation. Ce miroir est indicatif et laisse donc une part à la négociation entre propriétaire et locataire. D'ailleurs, le locataire est libre de... payer plus cher s'il le souhaite, ou, du moins, s'il ne s'en plaint pas. La ville de Cologne, dont le marché du logement est plus tendu qu'ailleurs en Allemagne, a été la première à se doter d'un miroir des loyers, en 1973. Elle s'est appuyée sur deux organismes très représentatifs et de création ancienne, l'association locale des propriétaires, comprenant 24 000 adhérents, et celle des locataires, forte de 60 000 membres. Les partenaires ont travaillé avec des experts immobiliers pour évaluer le loyer des appartements dans tous les quartiers, à partir des réalités observées. Le miroir, actualisé tous les deux ans, publie des valeurs moyennes au mètre carré par catégorie de logement. Son élaboration résulte de la volonté de concilier les priorités des locataires, surtout le maintien de loyers supportables, et celles des propriétaires, dont la prévention de la rotation des locataires.

Ces intérêts bien compris des partenaires font que le miroir des loyers de Cologne est donné en modèle de concertation. En France, les auteurs de l'étude « Les politiques publiques de contrôle des loyers, comparaisons internationales et enseignements historiques », réalisée pour le ministère de l'Égalité des territoires et du Logement en octobre 2015, écrivent : « Bien que soumise aux fluctuations de l'offre et de la demande, cette organisation permet d'ajuster les évolutions de loyer, par exemple en limitant la hausse des loyers en période de forte hausse des charges, de façon à ménager la solvabilité des locataires. On parle parfois à propos de cette forme simple de "*Bordeaux Mietspiegel*" car les accords entre protagonistes seraient trouvés autour d'une bouteille de vin. » La forme simple est donc celle de la concertation. D'autres villes allemandes ont créé des miroirs « qualifiés », c'est-à-dire basés sur le recueil de statistiques ou sur des modèles économétriques. Les pratiques diffèrent d'une commune à l'autre, mais respectent toutes le même principe : l'encadrement des loyers ne résulte pas de la fixation d'un niveau maximal uniforme, mais de la possibilité de contester les loyers supérieurs aux références fournies par les observatoires locaux. Cela équilibre et apaise les rapports entre locataires et propriétaires.

Une mesure mal vue en France ?

En France, l'encadrement des loyers a mauvaise presse. La mesure est souvent accusée de décourager les investisseurs et de dissuader les propriétaires, ce qui aurait pour effet d'aggraver la pénurie de logements accessibles. Depuis 1982, la hausse annuelle des loyers est plafonnée en cours de bail par l'obligation de respecter l'indice de révision des loyers, actuellement calqué sur l'évolution des prix à la consommation. En 2012, un décret a étendu le respect de cet indice aux loyers en cas de relocation, dans les zones tendues. Et en 2014, la loi pour l'accès au logement et un urbanisme rénové a inscrit un encadrement général des loyers, inspiré du système allemand, dans les vingt-huit agglomérations les plus en tension : Ajaccio, Annecy, Arles, Bastia, Bayonne, Beauvais, Bordeaux, Draguignan, Fréjus, Genève-Annemasse, Grenoble, La Rochelle, La Teste-de-Buch-Arcachon, Lille, Lyon, Marseille-Aix, Meaux, Menton-Monaco, Montpellier, Nantes, Nice, Paris, Saint-Nazaire, Sète, Strasbourg, Thonon-les-Bains, Toulon et Toulouse, soit plus de 1 100 communes. L'idée est de déterminer un loyer médian au mètre carré par quartier, par type de logement (studio, type 1, type 2, etc.) et par année de construction en fonction des données produites par des observatoires locaux et accessibles sur Internet. Les loyers ne peuvent pas excéder de plus de 20 % les loyers de référence fixés par les préfets, excepté pour les logements disposant de certaines caractéristiques de localisation ou de confort qui donnent aux bailleurs la possibilité de fixer un montant supérieur, intégrant un complément de loyer. Le locataire qui paye un loyer trop élevé peut saisir une commission de conciliation puis, en cas de désaccord, la justice. Dans l'autre sens, les loyers inférieurs de plus de 30 % au loyer médian peuvent être augmentés progressivement.

Depuis 2015, la mesure s'applique à Paris et elle s'appliquera à Lille, volontaire pour l'expérimenter, dès que la collecte des données nécessaires à la définition des différentes catégories de logements sera finalisée. Dans la capitale, cela ne suffit pas à ramener l'ensemble des loyers à un niveau raisonnable, mais permet au moins d'écrêter les loyers les plus élevés ; des baisses allant de 50 à 150 euros par mois sont déjà constatées, certains bailleurs s'alignant spontanément sur les niveaux autorisés, sans que les locataires aient eu à formuler des recours. Encadrer les loyers permet donc de réduire leur montant, même s'ils restent élevés, en particulier ceux des petites surfaces, proportionnellement plus chers. Pour la Fondation Abbé Pierre, l'encadrement prévu dans la loi de 2014, et gelé depuis, doit être généralisé au plus vite, dès que les observatoires locaux seront en place. Ces « miroirs français » apporteraient une connaissance fine des niveaux de loyer, indispensable à une mise en œuvre intelligente de la loi, comme le serait la concertation entre représentants des locataires et des bailleurs. Autour d'une bouteille de bordeaux ?

18. Dissocier le foncier et le bâti

Éviter la spéculation foncière

Si vous habitez à Stockholm, il est fort probable que l'appartement dans lequel vous vivez, et que vous avez peut-être acheté, soit construit sur un terrain qui ne vous appartient pas. Il y a à cela deux explications historiques. D'abord, la notion de propriété privée du sol n'existait pas en Suède jusqu'en 1850, contrairement aux pays de droit latin où la propriété est considérée depuis vingt siècles comme inaliénable. Culturellement, les Suédois sont donc davantage attachés à la jouissance des biens immobiliers qu'à leur possession. Ensuite, la commune de Stockholm, comme beaucoup d'autres villes du pays, a massivement acheté des parcelles agricoles à partir de cette même période, quand le régime de la propriété collective de ces terrains a changé, afin de maîtriser l'urbanisation future de la capitale. Aujourd'hui encore, 70 % du foncier de la ville est ainsi la propriété de la municipalité ou de l'État.

Cette maîtrise foncière a permis aux collectivités publiques de peser sur le type de constructions et sur leur implantation, en consentant un bail emphytéotique aux constructeurs de logements. Un tel bail, qui est en France d'une durée de dix-huit à quatre-vingt-dix-neuf ans, confère au preneur un « droit réel » sur le bien – le terrain – et notamment la possibilité d'y construire un logement, sans pour autant être le propriétaire du sol. La propriété publique est une forme classique de démembrement de la propriété des sols et du bâti ; il en existe d'autres, expérimentées plus récemment, comme les coopératives d'habitants (voir p. 111) et les organismes de foncier solidaire. De son côté, la Fondation Abbé Pierre a créé en 2014 Solifap, une société d'investissements solidaires ayant pour objectif d'apporter un soutien structurel aux associations qui luttent contre le mal-logement, par le biais de prêts participatifs, d'apports de garanties et de conseil. Un quatrième levier permet à Solifap de soutenir les opérateurs associatifs agréés et notamment les maîtres d'ouvrage d'insertion dans la création de logements très sociaux. En achetant et en mettant à disposition ces logements aux associations, Solifap porte le surcoût du foncier.

Propriété collective, l'exemple américain des *Community Land Trust*

Les pays anglo-saxons ont également une tradition de propriété collective du sol. Aux États-Unis, un système de portage foncier, hérité du système féodal anglais, existe depuis longtemps en milieu rural pour gérer en commun les terres agricoles. La propriété du sol est ainsi collective et permanente ; l'usage en est privatisable pour une durée limitée, fût-elle longue. Ce modèle a été transféré au logement en milieu urbain dans les années 1970-1980. L'un des exemples les plus étudiés est celui de Burlington, dans le Vermont, ville universitaire confrontée à une hausse des prix des terrains qui réduisait l'offre de logements accessibles. Des élus locaux et des citoyens engagés dans des mouvements associatifs y créent en 1984 le *Burlington Community Land Trust*. « Les principes du *Community Land Trust* sont inscrits dans les trois termes qui en composent le nom : extraire le sol – *land* – des liens de la propriété privée, et le placer, en dehors du marché, entre les mains d'une entité vouée à en être le dépositaire perpétuel – *trust* –

qui l'administrera de manière participative et non lucrative dans l'intérêt commun – *community* », selon la définition donnée par l'association française fondée en 2013 pour encourager l'essaimage de ce modèle.

L'objectif des *Community Land Trusts* est donc d'offrir une alternative à la propriété privée du sol, laquelle génère une inflation des prix de l'immobilier. L'organisme achète des terrains, bâtis ou non, à l'aide de subventions publiques ou de financements privés apportés par des fondations ou des épargnants soucieux de placements éthiques. L'aide publique peut également consister en un apport de terrains ou une vente à un prix symbolique. Sur ces terrains, peuvent être déjà édifiés, ou construits ensuite, des maisons individuelles, des logements locatifs sociaux, des logements en copropriété ou en coopérative, achetés, loués, habités par des ménages aux revenus modestes, gagnant moins de 80 % du revenu médian local. Dans tous les cas de figure, le terrain reste la propriété du *trust*, qui ne cède que le bâti ou la possibilité de bâtir, et loue la parcelle pour une somme modique.

Favoriser l'accession à la propriété

Par exemple, si l'objectif est de favoriser l'accession sociale à la propriété, le *Community Land Trust* achète un terrain compatible avec ce projet. Les ménages font construire chacun leur maison, dont ils sont propriétaires, et s'acquittent d'un faible loyer (moins de 50 dollars par mois dans la plupart des expériences américaines) en échange de l'occupation du sol, dont la durée n'est pas limitée. Si un ménage souhaite revendre sa maison, il doit la proposer en priorité au *trust*. Cela garantit que le logement bénéficiera à d'autres personnes aux revenus modestes, qui pourront l'acheter à un prix inférieur à celui du marché puisqu'elles ne paieront que la valeur de la maison, valeur ajustée en fonction de la vétusté du bien ou, à l'inverse, des améliorations qui y auront été apportées. Le nouveau propriétaire du logement deviendra locataire du foncier détenu et géré par le *trust*.

Une autre façon de promouvoir l'accession à la propriété consiste à aider un ménage à acheter un logement qu'il a choisi, disponible sur le marché privé, avec une limite de prix. Dans ce montage financier, le ménage achète le bien et reçoit de la part du *Community Land Trust* une subvention équivalente au prix du terrain. En échange, le *trust* devient propriétaire du terrain et le loue au ménage comme dans le cas de figure précédent. Pour le ménage acquéreur, cela fait baisser le coût de l'acquisition et donc le montant de l'emprunt éventuel à souscrire. Le ménage peut revendre son logement, à des conditions fixées dans le bail de location du terrain et à un « prix abordable » décidé avec le *trust* afin de contenir l'évolution du prix des logements en cohérence avec l'évolution du revenu moyen des ménages concernés par ce système.

Avec ce modèle économique, le coût du foncier est « retranché » une fois pour toutes lors de l'achat. Le foncier acquis reste dans le patrimoine du *trust*, qui se constitue ainsi un portefeuille de terrains et aide à la création d'un parc de logements en accession à la propriété qui se maintiendront à des tarifs abordables, à l'écart de la spéculation foncière et de la – trop classique – flambée des prix de l'immobilier. À Burlington, le *trust*, administré par des représentants des parties prenantes (collectivités locales, associations fondatrices, habitants), a permis l'implantation sur ses terrains de 1 500 logements locatifs sociaux et de 500 logements en accession à la propriété. L'évaluation des résultats effectuée en 2010 sur plus de 200 situations a montré que 92 % des ménages aidés par le *trust* étaient encore propriétaires de leur logement cinq ans après l'achat, alors que le ratio est de

50 % pour l'ensemble des États-Unis. Elle a également montré que la majorité des ménages qui vendent leur logement construit sur un terrain du *trust* en acquiert un autre en pleine propriété sur le marché libre grâce à l'épargne qu'elle a pu constituer. La mobilité résidentielle a donc été favorisée.

De l'expérience à la loi

Les expériences américaines ont trouvé une reconnaissance par l'inscription en 1992 de leur modèle dans la loi. En France, la loi du 24 mars 2014 pour l'accès au logement et un urbanisme rénové crée les organismes de foncier solidaire, sans but lucratif, qui ont pour objet d'acquérir et de gérer des terrains, bâtis ou non, en vue de réaliser des logements et des équipements collectifs destinés aux personnes et familles éprouvant des difficultés particulières et ayant de ce fait « droit à une aide de la collectivité pour accéder à un logement décent et indépendant ou s'y maintenir ». La loi précise que l'organisme de foncier solidaire « reste propriétaire des terrains et consent au preneur, dans le cadre d'un bail de longue durée, s'il y a lieu avec obligation de construire ou de réhabiliter des constructions existantes, des droits réels en vue de la location ou de l'accession à la propriété des logements, sous des conditions de plafond de ressources, de loyers et, le cas échéant, de prix de cession ». L'enjeu est en effet de garantir la pérennité des aides publiques en faveur de l'accession sociale à la propriété. Actuellement, un ménage aux revenus modestes est aidé pour son premier achat. Mais quand il revend son bien, le propriétaire empoche dans la plupart des cas une plus-value et le logement retourne sur le marché libre. À Lille, où la mairie a fait de l'accession sociale une priorité, un organisme de foncier solidaire bénéficiant de subventions des collectivités locales accompagne une partie des 1 500 acquisitions prévues au cours de la période 2014-2020. Cela permet de neutraliser le coût du foncier, très élevé en centre-ville, et d'assurer qu'à chaque revente le nouveau preneur respecte les critères d'éligibilité aux aides publiques. Le nouveau bail réel solidaire, dont la durée est « rechargée » à chaque changement de preneur, devrait faciliter l'extension de cette formule.

19. Encourager l'habitat participatif

Des coopératives solidaires

« Face à la crise du logement, nous avons pris l'initiative de réunir quelques couples, avec l'idée de rénover un bâtiment ensemble, ou de faire construire un immeuble. Nous voulions un habitat écologique et social, un lieu avec de grandes parties communes pour favoriser les échanges et la solidarité. Le groupe s'est étoffé, il a évolué avec le temps, et nous nous sommes diversifiés. » C'est en 2005 à Villeurbanne, dans la banlieue lyonnaise, que Cécile et d'autres se réunissent autour du projet de Village Vertical. Ils commencent par préciser leurs intentions, puis recherchent des partenaires institutionnels. Ils obtiennent le soutien d'Habicoop, association qui vient juste de se créer à Lyon pour promouvoir de telles formules d'habitat, inspirées des exemples suisses et québécois. Accompagné à titre expérimental sur les plans juridique, technique et financier, le Village Vertical est le projet pilote d'Habicoop, devenue depuis la Fédération française des coopératives d'habitants. Cela facilite le déclenchement de l'aide des collectivités locales (région Rhône-Alpes, département du Rhône, Grand Lyon, Ville de Villeurbanne) ; le terrain est cédé au même prix que s'il s'agissait de construire des logements sociaux. Un organisme HLM, Rhône Saône Habitat, assure la maîtrise d'ouvrage de la construction.

Le Village Vertical est construit et habité depuis 2013. Il comprend quatorze logements, dont neuf logements sociaux et quatre logements très sociaux pour des jeunes en insertion, auxquels le projet a été ouvert. Le bâtiment est équipé de dispositifs écologiques : citerne pour la récupération des eaux de pluie, toit photovoltaïque, composteur collectif, chaudière à granulés, etc. En plus des appartements privatifs, les habitants disposent d'espaces mutualisés : un jardin, quatre chambres d'amis, une salle commune, une terrasse, une buanderie. Ils partagent également des moyens et échangent des services : garde d'enfants, courses, prêt de matériel, achats collectifs, distribution de paniers de légumes cultivés par une Amap, une association pour le maintien de l'agriculture paysanne.

Sociétaires et locataires plutôt que propriétaires

« Une coopérative d'habitants, ce n'est ni de la propriété privée, ni de la location classique. C'est un espace en propriété collective. L'unique propriétaire, c'est la société coopérative, et nous sommes tous à la fois locataires de la coopérative et coopérateurs » ; « Nous gérons l'immeuble démocratiquement : "une personne = une voix". Avec ce système, nous les habitants, nous sommes acteurs du logement, et pas consommateurs ». Ces principes, exposés par deux des villageois solidaires sur leur site Internet, sont affirmés dans leur charte commune et mis en pratique au quotidien.

L'habitat participatif est une troisième voie entre la location et la propriété individuelle. Un groupe de personnes se constitue en coopérative pour acheter collectivement un bien immobilier (coopérative d'habitants) ou pour le faire construire (autopromotion). Dans les deux cas, le fait de se regrouper permet de peser dans les négociations avec le vendeur du terrain ou de l'immeuble, la banque susceptible d'accorder un prêt, l'architecte, etc. Le bien est la propriété de la coopérative, dont les habitants sont sociétaires et locataires : ils ont la jouissance de leur logement et des parties communes, mais n'en sont ni propriétaires ni copropriétaires. En tant que sociétaires, les habitants gèrent la coopérative à égalité : la plus grande superficie d'un logement privé ne donne pas davantage de pouvoir à un sociétaire qu'à un autre, qui aurait un appartement plus petit. Comme tout locataire, les habitants versent une redevance à la coopérative ; une partie sert à rembourser l'emprunt contracté pour l'achat ou la construction, une autre est destinée à provisionner les dépenses futures d'entretien et de réparation. Le montant de ce loyer, établi en fonction de la surface, est aligné sur les charges à couvrir et reste le plus souvent inférieur au prix du marché.

Les habitants ne possèdent donc pas le bien mais des parts sociales de la coopérative, dont la valeur est déconnectée de celle du bâti. Quitter son logement ne signifie pas le revendre mais céder ou se faire rembourser ses parts sociales à leur valeur nominale, fixée à la souscription, en prenant en compte l'inflation. Ce système permet d'éviter les plus-values individuelles et préserve les logements de la spéculation immobilière. Ainsi, on ne s'enrichit pas en étant sociétaire d'une coopérative d'habitants, mais on bénéficie d'un logement à prix modéré... La motivation réside plutôt dans la participation à la conception et à la gestion d'un projet de vie collectif et solidaire, qui le plus souvent inclut une dimension d'écologie urbaine : gestion des déchets, production d'énergie, bâtiment basse consommation, organisation de déplacements groupés, etc. Certains y ajoutent une dimension sociale. La charte du Village Vertical affirme ainsi qu'il « est destiné en priorité au logement social. Il accueille en particulier des ménages en insertion par le logement. » « Pour nous c'est une dimension essentielle du projet depuis l'origine », dit l'une des villageoises.

Derrière le bâti, un projet de mixité sociale

Comme à Villeurbanne, des projets d'habitat participatif soutenus par la Fondation Abbé Pierre prévoient que tout ou partie des logements soient destinés à du logement locatif très social ou à de l'accession sociale à la propriété. À Amiens, l'association Ensemble, ch'est tout ! est animée depuis 2012 par un groupe d'habitants qui se sont rencontrés par le biais de leurs réseaux de vie quotidienne autour de la volonté de concevoir, construire et gérer collectivement leur futur lieu de vie. Parmi eux, des ménages ne sont pas en capacité d'accéder à la propriété directement : trois répondent aux critères d'éligibilité à l'accession sociale et un à la location sociale. Le groupe a donc contacté la société Habitats Solidaires, qui intervient comme maître d'ouvrage de projets locaux pour faciliter l'intégration par le logement de personnes modestes et encourager la mixité sociale. Habitats Solidaires porte pour ces familles modestes un logement financé grâce à un prêt locatif aidé d'intégration et trois logements en prêt social location-accession (un prêt accordé à l'organisme constructeur du logement, qui peut être transféré au ménage locataire-accédant). Les huit autres familles sont sous le régime de l'accession libre à la propriété, sans subvention.

La conception du programme immobilier a été menée de manière participative par les membres du groupe avec l'aide des architectes et du maître d'ouvrage. Situé en bord de Somme, l'immeuble de quatre niveaux comprendra treize logements et des espaces partagés (jardin potager et verger, salle commune, buanderie, atelier bricolage, local vélo). Le montage juridique du projet est assez complexe, avec une association dont les membres actifs sont les habitants de l'immeuble ; une société civile immobilière, dont les parts sociales appartiennent aux habitants et à l'association, qui est propriétaire des espaces partagés et qui les gère ; une société civile immobilière d'attribution dont les parts sociales correspondent à chaque logement de l'ensemble et sont donc réparties entre les ménages propriétaires, Habitats Solidaires et la société qui possède les espaces partagés.

À Saint-Nolff, dans le Morbihan, Habitats Solidaires soutient également un projet d'habitat groupé participatif favorisant la mixité sociale et le respect de l'environnement, « Les voisins volontaires ». Lancé en décembre 2012, le projet s'inscrit dans une démarche d'autopromotion. Le groupe des futurs habitants réunit divers profils sociaux : jeunes couples avec enfants en bas âge, familles monoparentales, personnes à mobilité réduite, retraités vivant seuls ou en couple. Dans un esprit de partage de valeurs et de biens, le projet prévoit un habitat cogéré et adapté et la mise en place de services collectifs. La mutualisation des espaces d'ordinaire privatifs s'applique également aux espaces de pleine terre : la parcelle est acquise par l'ensemble des habitants en propriété partagée. Sur les treize logements, sept seront habités par des ménages en accession sociale à la propriété ou en logement social ; le portage de ces logements est assuré par Habitats Solidaires.

Ces modèles prometteurs et innovants restent complexes à monter. Ils impliquent en effet la constitution pendant plusieurs années d'un groupe d'habitants formés et patients, qui ne soient pas motivés par une approche patrimoniale. Ils ont été longtemps freinés par l'absence de statut adapté, qui dissuade les partenaires : banques, élus locaux, bailleurs sociaux. La loi pour l'accès au logement et un urbanisme rénové de mars 2014 fournit désormais un cadre juridique spécifique, qui simplifie et sécurise le montage financier des projets d'habitat participatif : les sociétés coopératives d'habitants et les sociétés d'autopromotion. Cela devrait permettre l'augmentation du nombre de logements réalisés dans ce cadre, actuellement quelques milliers pour toute la

France. Alors que l'habitat participatif représente selon Habicoop 18 % du parc immobilier en Suède (environ 375 000 logements) et 13 % en Norvège (soit quelque 200 000 logements)...

20. Définir une politique locale du logement et de l'habitat

« On n'habite pas un droit, mais un logement »

« Le département d'Ille-et-Vilaine fait figure d'exemple. La politique de logement dynamique mise en place par la ville de Rennes depuis plus de vingt ans se traduit clairement par un faible nombre de recours au droit au logement opposable. Dans ce département, la commission de médiation n'intervient qu'en ultime recours, après échec des filières classiques d'accès au logement », commente le bilan chiffré 2008-2014 sur la mise en œuvre du droit au logement opposable remis en janvier 2016 à la ministre du Logement. Rennes est la dixième plus importante aire urbaine de France, avec près de 700 000 habitants dans 140 communes. En 2014, selon ce bilan, le nombre de recours déposés au titre du droit au logement opposable (voir p. 55) s'y élevait à... 10, contre plus de 3 000 à Toulon, 2 500 à Toulouse, 2 000 à Montpellier, sans parler des agglomérations parisienne ou marseillaise.

Politique du logement : une longue tradition rennaise

La ville de Rennes s'est dotée d'un office d'habitation à bon marché en 1919. Dans l'après-guerre, l'office participe à la reconstruction en livrant près de 2 500 logements en moins de dix ans. Dès 1954, les bailleurs sociaux transfèrent les demandes de logement social vers un guichet unique mis en place par la ville, très volontariste en la matière, afin que les demandeurs n'aient plus à multiplier leurs démarches. Dans les années 1960-1970, Rennes continue à construire pour loger les populations venues des campagnes travailler dans les grands sites industriels. Des logements sociaux sont créés dans des quartiers en développement et, fait plus rare, en centre-ville. Au début des années 1980, les grands ensembles font place aux logements en « petits collectifs » et à l'habitat intermédiaire, associant logements et commerces.

Toutes les demandes de logement social sont enregistrées par les quarante-trois communes de l'agglomération rennaise, cœur de l'aire urbaine, dans un même fichier, et sont cotées sur des critères communs : situation économique, précarité sociale, etc. (voir p. 98). La cotation permet d'accroître la transparence mais aussi de répondre aux ménages dont la situation est jugée prioritaire avant qu'ils ne soient obligés de faire appel au droit au logement opposable pour obtenir un logement. Ce système de priorisation a été mis en place dans le milieu des années 1990 pour la ville de Rennes puis étendu à la métropole. En 2004, l'office public de la ville de Rennes devient Archipel Habitat, office de la métropole de Rennes et cheville ouvrière du programme local de l'habitat.

Le programme local de l'habitat

Une politique locale de l'habitat met – ou devrait mettre – en cohérence les interventions en matière de politique de la ville, d'urbanisme, d'hébergement. Cette politique est définie dans un document de portée stratégique, le programme local de l'habitat (PLH), à l'échelle des intercommunalités : métropoles, communautés urbaines, communautés d'agglomération et communautés de communes de plus de 30 000 habitants. Élaboré à partir d'un diagnostic de la situation existante, des manques et des opportunités, le PLH définit pour six ans les objectifs à atteindre, en assurant une répartition équilibrée sur le territoire. Il s'agit donc de répondre aux besoins en logement et en hébergement (parc public et privé, gestion du parc existant et des constructions nouvelles) en tenant compte des besoins spécifiques des populations (personnes mal logées ou défavorisées, étudiants), de favoriser la mixité sociale et d'organiser le renouvellement urbain (démolitions et reconstructions de logements sociaux, interventions à prévoir dans les copropriétés dégradées, plan de revalorisation du patrimoine conservé, mesures pour améliorer la qualité urbaine des quartiers concernés et des services offerts aux habitants).

Ce programme indique le nombre et les types de logements à construire, dont les logements locatifs sociaux et très sociaux, ainsi que l'offre privée conventionnée par l'Agence nationale de l'habitat (Anah) pour le logement de ménages modestes. Il prévoit les moyens fonciers pour atteindre ces objectifs, l'échéancier des opérations d'aménagement et de construction, et les orientations prises par la collectivité locale en matière d'urbanisme pour favoriser la construction.

Des objectifs d'accueil et de mixité

À Rennes, le conseil métropolitain a adopté en décembre 2015 le troisième programme local de l'habitat, qui prévoit notamment la construction de 24 000 logements pour la période 2015-2020, soit une moyenne de 4 000 logements par an, pour répondre aux évolutions démographiques avec une offre de logements à loyers accessibles et à charges maîtrisées, bien situés dans les quartiers et les communes et reliés aux services. Les autres orientations de ce programme consistent notamment à différencier les objectifs et la programmation selon les communes de la métropole ; à compléter les produits aidés, comme le logement social, par le développement de produits régulés en direction des ménages à revenus intermédiaires ; à maintenir l'attractivité des parcs existants, afin qu'ils ne souffrent pas de la comparaison avec les logements récents de grande qualité ; et à maintenir une obligation de résultats pour les publics en situation de précarité : par exemple, l'accord collectif intercommunal conclu avec les bailleurs sociaux fixe à 30 % la part des logements à mobiliser sur l'ensemble des attributions pour loger les publics identifiés comme prioritaires dans le cadre du plan départemental d'action pour le logement et l'hébergement des personnes défavorisées (personnes sans domicile, hébergées par une structure ou par des tiers, menacées d'expulsion, vivant en suroccupation, etc.). « Rennes Métropole réaffirme ici son ambition d'apporter avec ses partenaires une réponse à chaque ménage métropolitain qui se trouve confronté à une difficulté d'accès ou de maintien dans son logement », explique le conseil métropolitain. « On n'habite pas un droit, mais un logement », précise un élu.

Les choix inscrits dans les programmes locaux de l'habitat successifs de Rennes Métropole sont regardés avec intérêt par les acteurs du logement. Les plus notables sont le modèle de développement en « archipel », qui mixe des îlots urbains et des zones agricoles et naturelles, au lieu de l'étalement qui préside habituellement ; la densification qui impose un nombre de logements à l'hectare et limite la superficie des terrains sur lesquels construire des maisons individuelles ; la modulation des objectifs et des types de logements selon les communes membres de la métropole ; l'acquisition foncière pour constituer des réserves (la ville de Rennes achète des terrains depuis le début des années 1950, belle anticipation) et maîtriser les prix du foncier ; la recherche de l'adhésion des maires à la politique intercommunale, c'est-à-dire leur acceptation d'abandonner une partie de leur pouvoir individuel au profit de la logique collective et de l'intérêt général. Le partenariat est un facteur indéniable de réussite d'une politique locale de l'habitat. Sur tous ces points, le « modèle rennais » a inspiré d'autres collectivités aussi bien que le législateur.

Lutter contre le « Pas dans mon jardin »

La coopération et la programmation ne sont pas pratiquées par toutes les villes, loin s'en faut. Pour expliquer leur faible volontarisme, les élus locaux font souvent état de vifs conflits avec des habitants qui s'opposent à la construction de logements sociaux à proximité de leur domicile – ce que l'on nomme le syndrome « *nimby* » : *Not in my backyard*, « Pas dans mon jardin ». En 2008, huit ans après l'adoption de la loi solidarité et renouvellement urbains (SRU), qui fixait un objectif de 20 % de logements sociaux (passé depuis à 25 %), la Fondation crée un tableau du déshonneur, auquel elle se propose d'inscrire les villes qui n'ont pas de logement social ou qui ne font pas d'efforts pour s'en doter. Auparavant, l'abbé Pierre publie le 1er décembre 2005 dans le magazine *La Vie* un appel adressé à M. et Mme Tout-le-Monde : « Depuis des années, avec la Fondation qui porte mon nom, nous dénonçons ce scandale des communes qui se refusent à bâtir du logement social sur leur territoire, et qui, par là, deviennent hors la loi. Je voudrais faire prendre conscience de ce que les maires de ces communes ne font souvent que refléter ce que veulent leurs administrés, puisque nous sommes en démocratie. Il faut donc convaincre monsieur et madame Tout-le-Monde qu'une politique qui consiste à mettre de côté toute une population est forcément vouée à la haine. »

En octobre 2015, c'est le ministère du Logement qui arrête une liste de trente-six communes particulièrement rétives dans lesquelles les préfets vont se substituer aux maires. La mixité sociale est une course de fond. L'exemple rennais montre que, en s'y prenant à l'avance et en soutenant ses efforts sur la durée, il est possible de la faire progresser.

Conclusion

Des initiatives citoyennes pour peser sur les politiques publiques

Offrir un vrai logement aux personnes les plus durement frappées par la crise du logement, réputées dépourvues de « capacité à habiter », rénover des taudis ou des passoires thermiques pour des ménages insolvables, redonner le goût de cuisiner, de jouer une pièce de théâtre, de gagner un tournoi de football à celles et ceux qui avaient tout perdu... Le lecteur qui doutait encore de la faisabilité de tous ces projets, après tant de décennies de « crise du logement » et autant de promesses non tenues, sera convaincu une fois ce livre refermé que c'est possible. Partout en France, des associations, des élus, des riverains, de simples citoyens refusent de baisser les bras et nous rappellent que le mal-logement n'est pas une fatalité.

Mais si c'est possible, si c'est déjà mis en œuvre à l'étranger, dans certaines collectivités pilotes, ou par des associations de terrain partenaires de la Fondation Abbé Pierre, alors pourquoi n'est-ce pas appliqué à une échelle plus large ? Pourquoi toutes ces « bonnes pratiques » restent-elles confinées au stade de l'expérimentation, là où l'urgence sociale, parfois simplement humanitaire, plaiderait pour les décupler ? Si les responsables politiques ne cessent de parler des pensions de famille, du « logement d'abord », de la prévention des expulsions, de la cotation des demandes HLM et de la location active, sans même parler de la participation des habitants ou de « l'aller-vers », nouvelles figures imposées du travail social de ces dernières années, comment expliquer que les progrès sur tous ces chantiers soient si maigres ?

Parce que les bonnes volontés, dans le domaine des politiques du logement, se heurtent régulièrement à des obstacles structurels. Le monde du logement n'est pas la simple recherche des solutions les plus expertes, des aspirations les plus généreuses, d'une adéquation intelligente entre les besoins et une offre adaptée. Le monde du logement, au niveau politique ou individuel, national ou local, est aussi le reflet de rapports de force et l'enjeu de batailles entre des visions du monde mais aussi des intérêts en conflit. Bref, c'est un enjeu politique au sens fort, qui mérite d'être débattu en tant que tel, par exemple à l'occasion de la prochaine élection présidentielle, pour permettre de lever ces obstacles intellectuels, financiers, idéologiques, institutionnels ou sociaux qui freinent la résorption de la crise du logement.

Plusieurs obstacles empêchent de démultiplier les bonnes pratiques décrites dans ce livre. Tout d'abord la connaissance : difficile d'agir quand les outils de mesure dans le domaine sont si peu efficaces. Cette navigation à l'aveugle empêche aussi de mettre en œuvre des choix politiques allant dans le bon sens. On l'a vu ces dernières années avec un encadrement des loyers voté mais enrayé dans sa mise en œuvre faute de connaissance correcte des loyers moyens par zone... Sur le plan national comme au niveau local, les autorités peinent à dénombrer les ménages sans domicile, en bidonville, en squat ou en logement insalubre. Comment dès lors calibrer les politiques à la hauteur de problèmes si mal connus, faute de diagnostics précis à 360 degrés concernant tous les aspects de la crise du logement qui interagissent les uns avec les autres ? Dans le doute, on expérimente : cela limite les risques de rater la cible ou de froisser qui que ce soit, cela donne l'illusion de l'action et surtout cela coûte moins cher.

Car le financement est le second obstacle majeur. Lancer un programme modèle pour le *Housing first* de quelques centaines de personnes sans domicile souffrant de troubles psychiatriques est fort louable. Mais s'il fallait, maintenant que l'expérimentation a fait ses preuves, le généraliser aux dizaines de milliers de personnes potentiellement concernées, cela nécessiterait de mobiliser des budgets bien supérieurs. Or, le mot d'ordre des responsables politiques depuis quelques années est, trop souvent, de bien vouloir tout explorer, à condition de réduire les coûts. Hélas, dans le logement, ce type d'approche est voué à l'échec : il est dur de faire mieux avec moins. Produire des logements peu chers et les attribuer à des ménages en difficulté, dans un contexte où les prix de l'immobilier sont élevés, ne peut pas s'effectuer à budget constant, du moins dans un premier temps. Accompagner dans la durée des personnes fragilisées sur tous les plans implique de nombreuses heures de travail par des professionnels de l'action sociale, et donc des budgets en conséquence. Rénover des logements dégradés ou énergivores nécessite des travaux de plusieurs dizaines de milliers d'euros par logement. Le refus par les pouvoirs publics d'y voir des investissements pour l'avenir plutôt que des charges pour le présent grève les efforts de tous les acteurs de terrain. C'est pourquoi la Fondation Abbé Pierre martèle que les coûts économiques et sociaux du mal-logement, sur la santé, l'emploi ou l'éducation, sont bien supérieurs à long terme pour la nation aux sommes à mobiliser pour y remédier. Mais ce pari sur l'avenir semble difficile à intégrer pour de nombreux responsables politiques dont les yeux peinent à dépasser l'horizon budgétaire de l'année en cours.

Quant aux solutions peu onéreuses, qui consistent à intervenir en amont sur le marché, par exemple en encadrant les loyers comme en Allemagne ou en sortant le foncier de la spéculation, elles impliquent de s'attaquer à un troisième obstacle, plus idéologique cette fois, relatif à la régulation des marchés de l'immobilier. Au nom de la liberté des acteurs privés et du caractère sacré de la propriété privée, la puissance publique laisse se perpétuer et s'accentuer des inégalités ravageuses. Alors que son rôle est avant tout de rétablir des équilibres quand les rapports de force sont très inégaux, de faire respecter les droits fondamentaux des personnes, en particulier leur droit au logement, que le libre marché n'est pas en mesure de garantir dans l'état actuel des choses.

Les pouvoirs publics sont bien souvent mal équipés, peu dotés, bien timides et de surcroît émiettés. Or, on l'a vu, les collectivités qui ont pu mener à bien des politiques ambitieuses et innovantes, par exemple en matière d'attribution transparente des HLM ou de construction de logements adaptés aux ressources de leurs habitants, ont pu le faire parce qu'elles étaient unies pour mener une politique de long terme à la bonne échelle. Mais ces bons élèves sont plus l'exception que la règle. Bien souvent, les compétences logement et urbanisme sont réparties entre divers échelons de collectivité, chaque commune cherchant à repousser vers le voisin les logements sociaux et les ménages en difficulté. L'éclatement des compétences offre autant de possibilités, là où la volonté existe, de mener des microprojets innovants, mais il constitue aussi bel et bien un quatrième obstacle, institutionnel, à leur généralisation. Faute de pilote dans l'avion au bon niveau, c'est-à-dire à l'échelle des agglomérations, chacun est libre de faire – ou de ne rien faire.

Le dernier obstacle est d'ordre proprement politique : il relève de la place qu'occupent dans notre système politique les personnes les plus exclues. Leurs droits, même quand ils sont déclarés « opposables », sont quotidiennement bafoués par les autorités. Leur voix semble compter bien moins que celle d'autres citoyens. C'est pourquoi le moteur de toutes les expérimentations présentées ici consiste à donner du pouvoir aux personnes elles-mêmes, à l'instar des journées organisées au Sénat pour permettre aux personnes accueillies dans les Boutiques Solidarité et les pensions de famille d'interpeller directement les parlementaires. C'est pourquoi la clé de la réussite n'est pas simplement de convaincre de la justesse de nos propositions, ni même de faire connaître les solutions qui marchent d'ores et déjà sur le terrain. C'est avant tout de mettre en mouvement la société dans son ensemble et de rétablir dans leurs droits les personnes qui en sont dépossédées par la crise du logement. C'est-à-dire les considérer à nouveau comme des citoyens à part entière, acteurs de leur recherche de logement, de la rénovation de leur habitation, de la vie de leur quartier, plutôt que comme des « bénéficiaires à assister », des « marginaux à remettre sur le droit chemin » ou « des fraudeurs potentiels à surveiller ». Dans ce projet, la société civile est déjà en marche. Qu'attendent les pouvoirs publics pour lever les obstacles qui entravent ces initiatives ? « Il faut que la voix des hommes sans voix empêche les puissants de dormir », disait l'abbé Pierre. Qu'attendons-nous pour nous mobiliser et les forcer à ne plus attendre ?

Pour aller plus loin

Livres, études et rapports

Loïc Bonneval, François Robert, Florence Goffette-Nagot, Roelof Verhage et Olivier Lemire-Osborne, *Les Politiques publiques de contrôle des loyers, comparaisons internationales et enseignements historiques*, ministère de l'Égalité des territoires et du Logement, octobre 2015.

Laurent Desmard et Raymond Étienne, *L'Abbé Pierre, fondateur et rebelle*, Desclée de Brouwer, 2012.

René Dutrey, *L'Encadrement des loyers : quelles solutions ?*, Conseil de Paris, novembre 2011.

Fondation Abbé Pierre, *Les Cahiers du logement* :
- « L'accompagnement aux droits liés à l'habitat », octobre 2015.
- « L'accès à l'habitat des personnes SDF en situation de grande précarité », février 2013.

Fondation Abbé Pierre, *De l'autre côté de la rue. Histoire des Boutiques Solidarité*, Flammarion, 2001.

Fondation Abbé Pierre, *L'État du mal-logement en France*, 21e rapport annuel, 2016.

Fondation Abbé Pierre, *Un combat en héritage*, Actes Sud, 2014.

Fondation Abbé Pierre / Feantsa, *Regard sur le mal-logement en Europe*, 2015.

Fondation Abbé Pierre / FORS, *Les Habitants, acteurs légitimes du redressement des copropriétés en difficulté*, décembre 2013.

Fondation Abbé Pierre / FRV 100, *Outiller les collectifs habitants*, avril 2015.

Nicholas Pleace, Observatoire européen sur le sans-abrisme, *Le Logement d'abord*, Délégation interministérielle à l'hébergement et à l'accès au logement / Feantsa, 2014.

Christophe Robert, Anne-Claire Vaucher et Manuel Domergue, *Crise du logement. Bien la comprendre pour mieux la combattre*, Le Cavalier bleu, 2014.

Christophe Robert et Didier Vanoni, *Logement et cohésion sociale. Le mal-logement au cœur des inégalités*, La Découverte, 2007.

Sites internet et blogs

www.fondation-abbe-pierre.fr

www.croisonslefaire.blogspot.fr

www.entree-de-secours.fr
(webdocumentaire sur les pensions de famille)

www.a-l-abri-de-rien.fr
(webdocumentaire sur le mal-logement)

Connaître la Fondation et soutenir ses actions

Reconnue d'utilité publique en 1992, la Fondation Abbé Pierre a pour mission d'agir afin que toutes les personnes démunies puissent accéder à un logement décent et à une vie digne. Son action s'articule autour de la conduite ou du financement de projets liés au logement, l'accueil et l'aide aux personnes sans domicile, la sensibilisation de l'opinion et l'interpellation des pouvoirs publics.

Avec ses équipes bénévoles et salariées, implantées au siège ou dans ses 9 agences régionales, la Fondation Abbé Pierre soutient chaque année plus de 900 projets et actions en France et à l'international, destinés à améliorer les conditions de vie et d'habitat de personnes en situation de précarité. Catastrophes naturelles, bidonvilles, précarité énergétique, insalubrité, sans oublier le non-accès au logement et aux droits fondamentaux, la Fondation Abbé Pierre lutte contre toutes les formes d'exclusion et montre qu'il est possible de construire une autre société, plus juste et plus solidaire.

Principales missions

Accueillir grâce à un réseau de 31 Boutiques Solidarité (accueils de jour inconditionnels) et à un réseau de 48 pensions de famille implantées à travers tout le pays. Être écouté, pouvoir prendre le temps d'échanger, être conseillé... Et pouvoir s'installer le temps nécessaire dans une maison pour se (re)construire ou encore recevoir son courrier ou prendre une douche dans une Boutique. Des milliers de personnes, de femmes isolées, de familles sont accompagnées au sein des réseaux de la Fondation Abbé Pierre qui se développent chaque année.

Construire *via* le financement et le soutien logistique et technique des partenaires associatifs locaux. Un programme de réalisation de logements très sociaux – tout particulièrement tournés vers la lutte contre la précarité énergétique – produit chaque année plusieurs centaines de logement économes en charges (résidences sociales, pensions de famille, logements en milieu urbain et en milieu rural...).

Réhabiliter *via* le programme SOS Taudis qui a pour objectif de contribuer à l'éradication des 600 000 logements indignes dénombrés en France. Construit autour de l'accompagnement de propriétaires occupants pauvres et du soutien à la réalisation de travaux, il permet également de résorber la précarité énergétique et pour chacun, de retrouver du confort et des conditions de vie dignes.

Changer le regard, notamment sur les quartiers populaires et leurs habitants. La Fondation Abbé Pierre porte une attention accrue aux conditions de vie des habitants des quartiers populaires marginalisés et affirme son engagement aux côtés d'une partie de nos concitoyens trop souvent mise à l'écart. Elle soutient des actions qui permettent aux habitants d'évoluer positivement au sein de leur environnement. Acteurs de leur devenir, ils mettent en œuvre des projets de qualité qui contribuent au changement de regard sur le quartier, à renforcer les liens entre les générations et à retrouver le plaisir du vivre ensemble.

Voir loin. La Fondation Abbé Pierre initie aujourd'hui des actions de solidarité internationale dans 29 pays pour permettre à des familles démunies de trouver ou de se construire un toit. Dès que cela est possible, la Fondation participe à l'éducation des enfants et à la formation des populations locales afin de développer la construction de logements dignes et une économie de proximité qui assurent des conditions de vie pérennes à tous.

Le soutien de la Fondation vise également à assurer une veille continue sur l'évolution du mal-logement au regard des réalités territoriales. Ces réalités se (re)définissent en fonction :

– de l'évolution des conditions de vie des personnes aidées ;

– de l'évolution des réponses et de l'organisation des services publics dédiés au traitement de ces situations ;

– du réseau associatif local et de sa capacité à mener des actions auprès des personnes défavorisées, à être force de proposition, à exercer une veille et un contre-pouvoir local.

Bien connaître les métiers exercés par les associations, leurs capacités d'intervention et les problématiques rencontrées par les personnes en difficulté permet à la Fondation d'ajuster en permanence ses expérimentations et ses réponses aux besoins des personnes les plus défavorisées.

Communiquer. La sensibilisation fait partie des missions fondamentales de la Fondation. Chaque mois de novembre, la Fondation Abbé Pierre dénonce le mal-logement à travers une campagne nationale de sensibilisation affichée sur tout le territoire. Tout au long de l'année, par ses publications et son travail en direction des médias, la Fondation Abbé Pierre diffuse ses chiffres et ses analyses et montre à l'opinion publique la réalité du mal-logement et sa gravité pour la vie des personnes qui en sont les victimes. Elle publie très régulièrement sur son site Internet visité par plus de 370 000 internautes les actions et les projets qu'elle soutient.

Expertiser. Chaque année, le rapport sur « L'État du mal-logement en France » est un outil de décryptage des problématiques du mal-logement, des politiques publiques du logement et de propositions concrètes pour mettre un terme à une endémique crise du logement. Aujourd'hui, ce rapport est décliné au travers de 15 présentations régionales qui mettent en avant les spécificités territoriales du mal-logement. D'autres publications et recherches (Cahiers du Logement, livres...) sont régulièrement publiées par la Fondation.

La Fondation Abbé Pierre ne sollicite pas de subvention publique. Elle ne peut conduire ses actions que grâce à la générosité de ses donateurs qu'elle tient régulièrement informés en toute transparence.

Plus d'information sur www.fondation-abbe-pierre.fr

Une campagne citoyenne

Le présent ouvrage s'inscrit dans une **vaste campagne citoyenne** que la Fondation a initiée dans le cadre préélectoral de l'année 2017, un cadre propice au débat public relatif aux grands problèmes de société, parmi lesquels le mal-logement figure – hélas ! – au plus haut niveau. Cette campagne vise, dans une dynamique positive et constructive, à mettre en évidence des initiatives conduites, financées ou soutenues par la Fondation Abbé Pierre. Elle a pour ambition de faire émerger des solutions efficaces et durables à des situations de mal-logement devant lesquelles bien des acteurs, pouvoirs publics notamment, ont parfois baissé les bras. Il s'agit ainsi de contribuer à réenchanter une société française qui valorise insuffisamment ses atouts, les initiatives positives et les énergies humaines qu'elle recèle.

Cette campagne s'articule autour d'une **plateforme digitale (www.onattendquoi.fr)** où l'on trouve différents outils et supports permettant de comprendre cette démarche et de s'y associer. Les personnes qui conduisent ce combat, qu'elles soient victimes du mal-logement (et pour certaines en train de se reconstruire), acteurs associatifs qui pilotent des initiatives, ou citoyens portés par la conviction qu'il est possible de faire autrement, sont au cœur des sujets diffusés par cette plateforme. Au-delà, différents événements ponctueront cette campagne et de nombreux supports sont proposés sur la plateforme pour permettre de s'engager dans une mobilisation citoyenne visant, *in fine*, à démontrer aux futurs élus, que le mal-logement, pas plus que la crise du logement, ne sont des fatalités devant lesquelles il faudrait s'incliner. Comme l'abbé Pierre le disait : « La misère ne se gère pas, elle se combat. » La Fondation, comme à son habitude, a décidé d'en assumer l'héritage...

Ce livre a été réalisé sous la direction de Raymond Étienne, président de la Fondation Abbé Pierre, Christophe Robert, délégué général, Frédérique Kaba, directrice des missions sociales, et Manuel Domergue, directeur des études, avec l'appui de Joaquim Soarès, directeur de l'animation territoriale, et Yves Colin, directeur de la communication.

Il a bénéficié des réalisations et des recherches pilotées par les responsables et les équipes de la direction des missions sociales, de la direction de l'animation territoriale, de la mission Europe, des agences régionales et des associations et organismes engagés aux côtés de la Fondation pour combattre le mal-logement.

Rédaction : Thierry Delahaye / Panama Conseil.

Éditions de l'Atelier : Bernard Stephan, Laurence Patrice et Anne Jouve.